は　じ　め　に

JN001699

　技能検定は、労働者の有する技能を一定の基準によって検定し、これを公証する国家検定制度であり、技能に対する社会一般の評価を高め、働く人々の技能と地位の向上を図ることを目的として、職業能力開発促進法に基づいて 1959 年（昭和 34 年）から実施されています。

　当研究会では、1975 年（昭和 50 年）から技能検定試験受検者の学習に資するため、過去に出題された学科試験問題（1・2 級）に解説を付して、「学科試験問題解説集」を発行しております。

　このたびさらに、平成 30・令和元・2 年度に出題された学科試験問題、ならびに令和 2 年度の実技試験問題を「技能検定試験問題集（正解表付き）」として発行することになりました。

　本問題集が 1 級・2 級の技能士を目指して技能検定試験を受検される多くの方々にご利用いただき、大きな成果が上がることを祈念いたします。

令和 3 年 8 月

一般社団法人 雇用問題研究会

目　　次

技能検定の概要

1 技能検定試験の等級区分

技能検定試験は合格に必要な技能の程度を等級ごとに次のとおりに区分しています。

特　　級：検定職種ごとの管理者又は監督者が通常有すべき技能及びこれに関する知識の程度

1　　級：検定職種ごとの上級の技能労働者が通常有すべき技能及びこれに関する知識の程度

2　　級：検定職種ごとの中級の技能労働者が通常有すべき技能及びこれに関する知識の程度

3　　級：検定職種ごとの初級の技能労働者が通常有すべき技能及びこれに関する知識の程度

単一等級：検定職種ごとの上級の技能労働者が通常有すべき技能及びこれに関する知識の程度

※これらの他に外国人実習生等を対象とした基礎級があります。

2 検定試験の基準

技能検定は、実技試験及び学科試験によって行われています。

実技試験は、実際に作業などを行わせて、その技量の程度を検定する試験であり、学科試験は、技能の裏付けとなる知識について行う試験です。

実技試験及び学科試験は、検定職種の等級ごとに、それぞれの試験科目及びその範囲が職業能力開発促進法施行規則により、また、その具体的な細目が厚生労働省職業能力開発局長通達により定められています。

(1)　実技試験

実技試験は、実際に作業（物の製作、組立て、調整など）を行わせて試験する、製作等作業試験が中心となっており、検定職種の大部分のものについては、その課題が試験日に先立って公表されています。

試験時間は、1級、2級及び単一等級については原則として5時間以内、3級については3時間以内が標準となっています。

また、検定職種によっては、製作等作業試験の他、実際的な能力を試験するため、次のような判断等試験又は計画立案等作業試験が併用されることがあります。

① 判断等試験

　判断等試験は、製作等作業試験のみでは技能評価が困難な場合又は検定職種の性格や試験実施技術等の事情により製作等作業試験の実施が困難な場合に用いられるもので、例えば技能者として体得していなければならない基本的な技能について、原材料、模型、写真などを受検者に提示し、判別、判断などを行わせ、その技能を評価する試験です。

② 計画立案等作業試験

　製作等作業試験、判断等試験の一方又は双方でも技能評価が不足する場合に用いられるもので、現場における実際的、応用的な課題を、表、グラフ、文章などにより設問したものを受検者に提示し、計算、計画立案、予測などを行わせることにより技能の程度を評価する試験です。

(2) 学科試験

　学科試験は、単に学問的な知識を試験するものではなく、作業の遂行に必要な正しい判断力及び知識の有無を判定することに主眼がおかれています。また、それぞれの等級における試験の概要は次表のとおりです。

　この中で、真偽法は一つの問題文の正誤を回答する形式であり、五肢択一法及び四肢択一法は一つの問題文について複数の選択肢の中から一つを選択して回答する形式です。

■学科試験の概要

等級区分	試験の形式	問題数	試験時間
特　　級	五肢択一法	50 題	2 時間
1　　級	真偽法及び四肢択一法	50 題	1 時間 40 分
2　　級	真偽法及び四肢択一法	50 題	1 時間 40 分
3　　級	真偽法	30 題	1 時間
単一等級	真偽法及び四肢択一法	50 題	1 時間 40 分

3　技能検定の受検資格

　技能検定を受検するには、原則として検定職種に関する実務の経験が必要で、その年数は職業訓練歴、学歴等により異なっています（別表1参照）。

　この実務の経験の範囲には、現場での作業のみならず管理、監督、訓練、教育及び研究の業務や訓練又は教育を受けた期間が含まれます。

4 試験の実施日程

技能検定試験は職種ごとに前期、後期に分かれていますが、日程の概要は次のとおりです。

項	前 期	後 期
受付期間	4月上旬〜中旬	10月上旬〜中旬
実技試験	6月上旬〜9月上旬	12月上旬〜翌年2月中旬
学科試験	8月下旬〜9月上旬の日曜日 3級は7月中旬〜下旬の日曜日	翌年1月下旬〜2月上旬の日曜日
合格発表	10月上旬、3級は8月下旬	翌年3月中旬

※日程の詳細については都道府県職業能力開発協会（連絡先等は別表2参照）にお問い合わせ下さい。

5 技能検定の実施体制

技能検定は厚生労働大臣が定めた、実施計画に基づいて行うものですが、その実施業務は、厚生労働大臣、都道府県知事、中央職業能力開発協会、都道府県職業能力開発協会等の間で分担されており、受検の受付及び試験の実施については、都道府県職業能力開発協会が行っています。

6 技能検定試験受検手数料

技能検定試験の受検手数料は「実技試験：18,200円」及び「学科試験：3,100円」を標準額として、職種ごとに各都道府県で決定しています（令和3年4月1日現在、都道府県知事が実施する111職種）。

なお、35歳未満の方は、2級又は3級の実技試験の受検手数料が最大9,000円減額されます。詳しくは都道府県職業能力開発協会にお問い合わせ下さい。

7 技能検定の合格者

技能検定の合格者には、厚生労働大臣名（特級、1級、単一等級）又は都道府県知事名等（2級、3級）の合格証明が交付され、技能士と称することができます。

別表1

技能検定の受検に必要な実務経験年数一覧

（都道府県知事が実施する検定職種）

（単位：年）

受検対象者 (※1)	特級 1級合格後	1級 2級合格後	1級 3級合格後	2級 3級合格後	3級 (※7)	基礎級 (※7)	単一等級
実務経験のみ		7		2	0 ※8	0 ※8	3
専門高校卒業 ※2 / 専修学校(大学入学資格付与課程に限る)卒業		6		0	0	0	1
短大・高専・高校専攻科卒業 ※2 / 専門職大学前期課程修了 / 専修学校(大学編入資格付与課程に限る)卒業		5		0	0	0	0
大学卒業(専門職大学前期課程修了者を除く) ※2 / 専修学校(大学院入学資格付与課程に限る)卒業		4		0	0	0	0
専修学校 ※3 又は各種学校卒業(厚生労働大臣が指定したものに限る。) 800時間以上	5	6	2	4	0 ※9	0 ※9	1
専修学校 ※3 又は各種学校卒業(厚生労働大臣が指定したものに限る。) 1600時間以上	5	5	2	4	0 ※9	0 ※9	1
専修学校 ※3 又は各種学校卒業(厚生労働大臣が指定したものに限る。) 3200時間以上	5	4	2	4	0 ※9	0 ※9	1
短期課程の普通職業訓練修了 ※4 ※10 700時間以上	5	6	2	4	0	0 ※6	1
普通課程の普通職業訓練修了 ※4 ※10 2800時間未満	5	5	2	4	0	0	1
普通課程の普通職業訓練修了 ※4 ※10 2800時間以上	5	4	2	4	0	0	1
専門課程又は特定専門課程の高度職業訓練修了 ※4 ※10	5	3	1	2	0	0	1
応用課程又は特定応用課程の高度職業訓練修了 ※10	5	1			0	0	0
長期課程又は短期養成課程の指導員訓練修了 ※10		1 ※5		0 ※5			0
職業訓練指導員免許取得		1		—	—	—	0
長期養成課程の指導員訓練修了 ※10		0	0	0	0	0	0

※1：検定職種に関する学科、訓練科又は免許職種に限る。

※2：学校教育法による大学、短期大学又は高等学校と同等以上と認められる外国の学校又は他法令学校を卒業した者並びに独立行政法人大学改革支援・学位授与機構により学士の学位を授与された者は学校教育法に基づくそれぞれのものに準ずる。

※3：大学入学資格付与課程、大学編入資格付与課程及び大学院入学資格付与課程の専修学校を除く。

※4：職業訓練法の一部を改正する法律（昭和53年法律第40号）の施行前に、改正前の職業訓練法に基づく高等訓練課程又は特別高等訓練課程の養成訓練を修了した者は、それぞれ改正後の職業能力開発促進法に基づく普通課程の普通職業訓練又は専門課程の高度職業訓練を修了したものとみなす。また、職業能力開発促進法の一部を改正する法律（平成4年法律第67号）の施行前に、改正前の職業能力開発促進法に基づく専門課程の養成訓練を修了した者は、専門課程の高度職業訓練を修了したものとみなし、改正前の職業能力開発促進法に基づく普通課程の養成訓練又は職業転換課程の能力再開発訓練（いずれも800時間以上のものに限る。）を修了した者はそれぞれ改正後の職業能力開発促進法に基づく普通課程の普通職業訓練を修了したものとみなす。

※5：短期養成課程の指導員訓練のうち、実務経験者訓練技法習得コースの修了者については、訓練修了後に行われる能力審査（職業訓練指導員試験に合格した者と同等以上の能力を有すると職業能力開発総合大学校の長が認める審査）に合格しているものに限る。

※6：総訓練時間が700時間未満のものを含む。

※7：3級及び基礎級の技能検定については、上記のほか、検定職種に関する学科に在学する者及び検定職種に関する訓練科において職業訓練を受けている者も受検できる。また、3級の技能検定については工業高等学校に在学する者等であって、かつ、工業高等学校の教員等による検定職種に係る講習を受講し、当該講習の責任者から技能検定試験受検に際して安全衛生上の問題等がないと判定された者も受検できる。

※8：検定職種に関し実務の経験を有する者について、受検資格を認めることとする。

※9：当該学校が厚生労働大臣の指定を受けたものであるか否かに関わらず、受検資格を付与する。

※10：職業能力開発促進法第92条に規定する職業訓練又は指導員訓練に準ずる訓練の修了者においても、修了した職業訓練又は指導員訓練の訓練課程に応じ、受検資格を付与する。

別表2　　　都道府県及び中央職業能力開発協会所在地一覧

協 会 名	郵便番号	所 在 地	電話番号
北海道職業能力開発協会	003-0005	札幌市白石区東札幌5条1-1-2　北海道立職業能力開発支援センター内	011-825-2386
青森県職業能力開発協会	030-0122	青森市大字野尻字今田43-1　青森県立青森高等技術専門校内	017-738-5561
岩手県職業能力開発協会	028-3615	紫波郡矢巾町大字南矢幅10-3-1　岩手県立産業技術短期大学校内	019-613-4620
宮城県職業能力開発協会	981-0916	仙台市青葉区青葉町16-1	022-271-9917
秋田県職業能力開発協会	010-1601	秋田市向浜1-2-1　秋田県職業訓練センター内	018-862-3510
山形県職業能力開発協会	990-2473	山形市松栄2-2-1	023-644-8562
福島県職業能力開発協会	960-8043	福島市中町8-2　福島県自治会館5階	024-525-8681
茨城県職業能力開発協会	310-0005	水戸市水府町864-4　茨城県職業人材育成センター内	029-221-8647
栃木県職業能力開発協会	320-0032	宇都宮市昭和1-3-10　栃木県庁舎西別館	028-643-7002
群馬県職業能力開発協会	372-0801	伊勢崎市宮子町1211-1	0270-23-7761
埼玉県職業能力開発協会	330-0074	さいたま市浦和区北浦和5-6-5　埼玉県浦和合同庁舎5階	048-829-2802
千葉県職業能力開発協会	261-0026	千葉市美浜区幕張西4-1-10	043-296-1150
東京都職業能力開発協会	101-8527	千代田区神田1-1-5　東京都産業労働局神田庁舎5階	03-6631-6052
神奈川県職業能力開発協会	231-0026	横浜市中区寿町1-4　かながわ労働プラザ6階	045-633-5419
新潟県職業能力開発協会	950-0965	新潟市中央区新光町15-2　新潟県公社総合ビル4階	025-283-2155
富山県職業能力開発協会	930-0094	富山市安住町7-18　安住町第一生命ビル2階	076-432-9887
石川県職業能力開発協会	920-0862	金沢市芳斉1-15-15　石川県職業能力開発プラザ3階	076-262-9020
福井県職業能力開発協会	910-0003	福井市松本3-16-10　福井県職員会館ビル4階	0776-27-6360
山梨県職業能力開発協会	400-0055	甲府市大津町2130-2	055-243-4916
長野県職業能力開発協会	380-0836	長野市大字南長野南県町688-2　長野県婦人会館3階	026-234-9050
岐阜県職業能力開発協会	509-0109	各務原市テクノプラザ1-18　岐阜県人材開発支援センター内	058-260-8686
静岡県職業能力開発協会	424-0881	静岡市清水区楠160	054-345-9377
愛知県職業能力開発協会	451-0035	名古屋市西区浅間2-3-14　愛知県職業訓練会館内	052-524-2034
三重県職業能力開発協会	514-0004	津市栄町1-954　三重県栄町庁舎4階	059-228-2732
滋賀県職業能力開発協会	520-0865	大津市南郷5-2-14	077-533-0850
京都府職業能力開発協会	612-8416	京都市伏見区竹田流池町121-3　京都府立京都高等技術専門校内	075-642-5075
大阪府職業能力開発協会	550-0011	大阪市西区阿波座2-1-1　大阪本町西第一ビルディング6階	06-6534-7510
兵庫県職業能力開発協会	650-0011	神戸市中央区下山手通6-3-30　兵庫勤労福祉センター1階	078-371-2091
奈良県職業能力開発協会	630-8213	奈良市登大路町38-1　奈良県中小企業会館2階	0742-24-4127
和歌山県職業能力開発協会	640-8272	和歌山市砂山南3-3-38　和歌山技能センター内	073-425-4555
鳥取県職業能力開発協会	680-0845	鳥取市富安2-159　久本ビル5階	0857-22-3494
島根県職業能力開発協会	690-0048	松江市西嫁島1-4-5　SPビル2階	0852-23-1755
岡山県職業能力開発協会	700-0824	岡山市北区内山下2-3-10　アマノビル3階	086-225-1547
広島県職業能力開発協会	730-0052	広島市中区千田町3-7-47　広島県情報プラザ5階	082-245-4020
山口県職業能力開発協会	753-0051	山口市旭通り2-9-19　山口建設ビル3階	083-922-8646
徳島県職業能力開発協会	770-8006	徳島市新浜町1-1-7	088-663-2316
香川県職業能力開発協会	761-8031	高松市郷東町587-1　地域職業訓練センター内	087-882-2854
愛媛県職業能力開発協会	791-1101	松山市久米窪田町487-2　愛媛県産業技術研究所　管理棟2階	089-993-7301
高知県職業能力開発協会	781-5101	高知市布師田3992-4	088-846-2300
福岡県職業能力開発協会	813-0044	福岡市東区千早5-3-1　福岡人材開発センター2階	092-671-1238
佐賀県職業能力開発協会	840-0814	佐賀市成章町1-15	0952-24-6408
長崎県職業能力開発協会	851-2127	西彼杵郡長与町高田郷547-21	095-894-9971
熊本県職業能力開発協会	861-2202	上益城郡益城町田原2081-10　電子応用機械技術研究所内	096-285-5818
大分県職業能力開発協会	870-1141	大分市大字下宗方字古川1035-1	097-542-3651
宮崎県職業能力開発協会	889-2155	宮崎市学園木花台西2-4-3	0985-58-1570
鹿児島県職業能力開発協会	892-0836	鹿児島市錦江町9-14	099-226-3240
沖縄県職業能力開発協会	900-0036	那覇市西3-14-1	098-862-4278
中央職業能力開発協会	160-8327	新宿区西新宿7-5-25　西新宿プライムスクエア11階	03-6758-2859

鉄筋施工

実技試験問題

令和2年度 技能検定
2級 鉄筋施工(鉄筋組立て作業)
実技試験問題

　次の注意事項及び仕様に従って、床面を基礎捨コンクリート上端と仮定して、鉄筋組立て用図面に示す基礎、柱及びはりの取合部の鉄筋組立て作業を行いなさい。

1　試験時間
標準時間　　　1時間20分

打切り時間　　1時間40分

2　注意事項
(1)　支給された材料の品名、数量等が、「4 支給材料」のとおりであることを確認すること。

(2)　支給された材料に異常がある場合は、申し出ること。

(3)　結束線については、支給材料の数量でおさまるように使用すること。

(4)　試験開始後は、原則として、支給材料の再支給をしない。

(5)　支給材料以外の材料は、一切使用しないこと。

(6)　使用工具等は、使用工具等一覧表で指定した以外のものは使用しないこと。

(7)　試験中は、工具等の貸し借りを禁止する。

(8)　作業時の服装等は、作業に適したものとし、履物は、安全靴又は安全地下たびとすること。

(9)　作業中は、墜落制止用器具(安全帯)及び保護帽を着用すること。

(10)　標準時間を超えて作業を行った場合は、超過時間に応じて減点される。

(11)　作業が終了したら、技能検定委員に申し出ること。

(12)　試験中は、試験問題以外の用紙にメモをしたものや参考書等を参照することは禁止とする。

(13)　試験中は、携帯電話、スマートフォン、ウェアラブル端末等の使用(電卓機能の使用を含む。)を禁止とする。

3 仕 様

(1) 鉄筋組立ては、鉄筋組立て用図面(配筋詳細図、コンクリート施工図、指定かぶり寸法及び鉄筋施工図)の指示により行うこと。

(2) はりの高低は、支給されたうまにより操作すること。

(3) 鉄筋の結束は、全結束とし、折り込むこと。

(4) フープ及びスタラップのコーナーの結束は、両だすきとすること。

なお、両だすきは、1本の結束線で結束すること。

(5) ベース筋の上下は、鉄筋組立て用図面どおりとすること。

(6) 柱主筋の配置は、長短交互とすること。

(7) はり筋の組立て位置は、鉄筋組立て用図面の指定かぶり寸法に基づいて行うこと。

4 支給材料

品　名	寸法又は規格		数　量	備　考
柱　　　　筋	SD295A	D16－2070mm	5本	
〃	〃	D16－1820mm	5本	
は　り　筋	〃	D16－2625mm	4本	
〃	〃	D16－1925mm	8本	
〃	〃	D16－1810mm	4本	
〃	〃	D16－1550mm	2本	
〃	〃	D16－1435mm	2本	
ベ　ー　ス　筋	〃	D13－1360mm	16本	
フ　ー　プ（　帯　筋　）	〃	D10－1800mm	7本	420mm×420mm
スタラップ（あばら筋）	〃	D10－1620mm	7本	150mm×600mm
〃	〃	D10－1580mm	21本	150mm×580mm
結　束　線	なまし鉄線		520本程度	
柱組立て用うま	高さ1100mm		1台	
はり組立て用うま	高さ820mmのもの3台(D19)、高さ720mmのもの1台(D16)		4台	
ス　ペ　ー　サ	高さ70mm　長さ1300mm		4台	ベース下端用鋼製
チ　ョ　ー　ク			1本	

2級 鉄筋施工(鉄筋組立て作業)実技試験 使用工具等一覧表

受検者が持参するもの

品　名	寸法又は規格	数　量	備　考
折　り　尺		1	コンベックスルール(コンベックス)でもよい
手　バ　ッ　カ　ー		1	
クリッパ（カッタ）		1	ポケットサイズでもよい
手　　　　袋		1	
保　護　帽		1	
作　業　服　等		一式	
作　業　靴		1	安全靴又は安全地下たび
墜落制止用器具(安全帯)		1	フルハーネス型又は胴ベルト型(1本つり)

鉄筋組立て用図面は本書巻末に掲載しています。

令和2年度 技能検定
1級 鉄筋施工（鉄筋組立て作業）
実技試験問題

　次の注意事項及び仕様に従って、床面を基礎捨コンクリート上端と仮定して、鉄筋組立て用図面に示す基礎、柱及びはりの取合部の鉄筋組立て作業を行いなさい。

1 試験時間

標準時間　　　1時間40分

打切り時間　　2時間10分

2 注意事項

(1) 支給された材料の品名、数量等が、「4 支給材料」のとおりであることを確認すること。

(2) 支給された材料に異常がある場合は、申し出ること。

(3) 結束線については、支給材料の数量でおさまるように使用すること。

(4) 試験開始後は、原則として、支給材料の再支給をしない。

(5) 支給材料以外の材料は、一切使用しないこと。

(6) 使用工具等は、使用工具等一覧表で指定した以外のものは使用しないこと。

(7) 試験中は、工具等の貸し借りを禁止する。

(8) 作業時の服装等は、作業に適したものとし、履物は、安全靴又は安全地下たびとすること。

(9) 作業中は、墜落制止用器具(安全帯)及び保護帽を着用すること。

(10) 標準時間を超えて作業を行った場合は、超過時間に応じて減点される。

(11) 作業が終了したら、技能検定委員に申し出ること。

(12) 試験中は、試験問題以外の用紙にメモをしたものや参考書等を参照することは禁止とする。

(13) 試験中は、携帯電話、スマートフォン、ウェアラブル端末等の使用(電卓機能の使用を含む。)を禁止とする。

3 仕 様

(1) 鉄筋組立ては、鉄筋組立て用図面(配筋詳細図、コンクリート施工図、指定かぶり寸法及び鉄筋施工図)の指示により行うこと。

(2) はりの高低は、支給されたうまにより操作すること。

(3) 鉄筋の結束は、全結束とし、折り込むこと。

(4) フープ及びスタラップのコーナーの結束は、両だすきとすること。

なお、両だすきは、1本の結束線で結束すること。

(5) ベース筋の上下は、鉄筋組立て用図面どおりとすること。

(6) 柱主筋の配置は、長短交互とすること。

(7) はり筋の組立て位置は、鉄筋組立て用図面の指定かぶり寸法に基づいて行うこと。

4 支給材料

品　名	寸法又は規格	数　量	備　考
柱　　　　　筋	SD295A　D16－2070mm	5本	
〃	〃　　D16－1820mm	5本	
は　　り　　筋	〃　　D16－2775mm	4本	
〃	〃　　D16－1925mm	8本	
〃	〃　　D16－1810mm	4本	
〃	〃　　D16－1700mm	2本	
〃	〃　　D16－1585mm	2本	
〃	〃　　D16－1550mm	8本	
〃	〃　　D16－1435mm	8本	
ベ　ー　ス　筋	〃　　D13－1360mm	16本	
フ　ー　プ （　帯　筋　）	〃　　D10－1800mm	7本	420mm×420mm
ス　タ　ラ　ッ　プ （　あ　ば　ら　筋　）	〃　　D10－1620mm	7本	150mm×600mm
〃	〃　　D10－1580mm	21本	150mm×580mm
結　　束　　線	なまし鉄線	600本程度	
柱組立て用うま	高さ　1100mm	1台	
はり組立て用うま	高さ820mmのもの3台(D19)、 高さ720mmのもの1台(D16)	4台	
ス　ペ　ー　サ	高さ70mm　長さ1300mm	4台	ベース下端用 鋼製
チ　ョ　ー　ク		1本	

1級　鉄筋施工(鉄筋組立て作業)実技試験　使用工具等一覧表

受検者が持参するもの

品　名	寸法又は規格	数量	備　考
折　　り　　尺		1	コンベックスルール(コンベックス)でもよい
手　バ　ッ　カ　ー		1	
クリッパ（カッタ）		1	ポケットサイズでもよい
手　　　　　袋		1	
保　　護　　帽		1	
作　業　服　等		一式	
作　　業　　靴		1	安全靴又は安全地下たび
墜落制止用器具(安全帯)		1	フルハーネス型又は胴ベルト型(1本つり)

鉄筋組立て用図面は本書巻末に掲載しています。

鉄筋施工

学科試験問題

令和2年度 技能検定
2級 鉄筋施工 学科試験問題
（鉄筋組立て作業）

1. 試験時間　　1時間40分
2. 問題数　　　50題(A群25題、B群25題)
3. 注意事項
   （1）　係員の指示があるまで、この表紙はあけないでください。
   （2）　答案用紙(真偽法と多肢択一法の併用)に検定職種名、作業名、級別、受検番号、氏名を必ず記入してください。
   （3）　係員の指示に従って、問題数を確かめてください。それらに異常がある場合は、黙って手を挙げてください。問題はA群(真偽法)とB群(多肢択一法)とに分かれています。
   （4）　試験開始の合図で始めてください。
   （5）　解答の方法(真偽法と多肢択一法の併用)は次のとおりです。
   　　　イ．　A群の問題(真偽法)は、一つ一つの問題の内容が正しいか、誤っているかを判断して解答してください。
   　　　ロ．　B群の問題(多肢択一法)は、正解と思うものを一つだけ選んで、解答してください。二つ以上に解答した場合は誤答となります。
   　　　ハ．　答案用紙(マークシート用紙)へ解答する際は、答案用紙に記載されている注意事項に従ってください。
   　　　ニ．　答案用紙の解答欄は、A群の問題とB群の問題とでは異なります。所定の解答欄に、試験問題の題数に応じて解答してください。解答欄はA群は50題まで、B群は25題まで解答できるようになっています。
   （6）　電子式卓上計算機その他これと同等の機能を有するものは、使用してはいけません。
   （7）　携帯電話、スマートフォン、ウェアラブル端末等は、使用してはいけません。
   （8）　試験中、質問があるときは、黙って手を挙げてください。ただし、試験問題の内容、漢字の読み方等に関する質問にはお答えできません。
   （9）　試験終了時刻前に解答ができあがった場合は、黙って手を挙げて、係員の指示に従ってください。
   （10）　試験中に手洗いに立ちたいときは、黙って手を挙げて、係員の指示に従ってください。
   （11）　試験終了の合図があったら、筆記用具を置き、係員の指示に従ってください。

［A群（真偽法）］

1 壁式鉄筋コンクリート構造とは、壁とスラブを一体に構成する形式で、室内に柱や梁が突き出ない構造をいう。

2 鉄筋コンクリート造では、コンクリートのアルカリ性が失われると鉄筋が錆びやすくなる。

3 木造建築物における大壁とは、柱が見えないように仕上げた壁をいう。

4 鉄骨造に取り付けるカーテンウォールには、耐力壁としての用途をもつものもある。

5 単純梁のたわみは、梁の断面形状及び作用する荷重が同じであれば、スパン長さに関係なく同じである。

6 バーベンダーとは、鉄筋を所要の長さに切断する機械である。

7 日本建築学会 建築工事標準仕様書(JASS5)によれば、下図に示す鉄筋の加工後の全長(ℓ)の許容差は、特記のない場合、±50mmとなっている。

加工後の全長(ℓ)

8 柱の断面が、下図のような絞りのある形状である場合、大梁上端筋の定着長さは、②の柱面からとる。

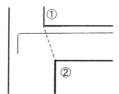

①
②

9 径の異なる鉄筋を重ね継ぎする場合、その継手長さは、太い方の鉄筋の径を基準とする。

10 壁の開口隅角部のひび割れ防止には、溶接金網を使用することがある。

11 日本建築学会 建築工事標準仕様書(JASS5)によれば、屋根スラブ下端筋の定着長さは、特記のない場合、5d以上とする。

12 日本建築学会 建築工事標準仕様書(JASS5)によれば、工事種別施工計画書には、品質管理計画書も含まれる。

13 荷受け構台とは、資材や廃棄物等を搬出入するために設ける仮設構台をいう。

14 タワークレーンは、高層建築物の工事現場における資材等の揚重に適している。

15 ベンチマークとは、建物の位置及び高さの基準をいう。

16 異形鉄筋は、丸鋼よりもコンクリートの付着性が良い。

17 日本産業規格(JIS)によれば、異形棒鋼の標準長さ(定尺)は、3.0〜13.0mとされている。

18 コンクリートの圧縮強度は、一般に、材齢3週における強度で表される。

19 次の図A及び図Bのうち、H形鋼の断面形状を表しているのは、図Bである。

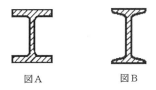

図A　　　　図B

20 せき板とは、型枠を構成する部材のうち、直接コンクリートに接する板類をいう。

21 日本産業規格(JIS)によれば、次は、コンクリート及び鉄筋コンクリートを表す材料構造表示記号である。

22 矩計図は、平面図の一種である。

23 建築基準法関係法令によれば、鉄筋コンクリート造の梁の構造は、複筋梁とし、これにあばら筋を梁の丈の4分の3以下の間隔で配置しなければならない。

24 労働安全衛生法関係法令によれば、建設用リフトは、原則として、作業者の昇降に使用してもよい。

［A群（真偽法）］

25 労働安全衛生法関係法令によれば、高所作業車による作業において、最大積載荷重以下のものであれば、原則として、ブームで荷をつり上げてもよい。

［B群（多肢択一法）］

1　文中の（　　）内に当てはまる語句の組合せとして、適切なものはどれか。
　　　鉄筋の定着力は、コンクリートとの（　①　）で決まり、コンクリートに接する鉄筋の表面積に（　②　）する。

	①	②
イ	引張力	比例
ロ	付着力	比例
ハ	引張力	反比例
ニ	付着力	反比例

2　文中の（　　）内に当てはまる数値として、適切なものはどれか。
　　　鉄筋コンクリート造において、コンクリートの引張強度は、圧縮強度の（　　）程度である。
　　　イ　　1／2
　　　ロ　　1／5
　　　ハ　　1／10
　　　ニ　　1／20

3　文中の（　　）内に当てはまる語句として、適切なものはどれか。
　　　鉄骨造の柱と梁の現場接合には、一般に、溶接や（　　）を用いる形式がある。
　　　イ　　高力ボルト
　　　ロ　　スタッドボルト
　　　ハ　　つりボルト
　　　ニ　　アンカーボルト

4　下図において、10kgと25kgが釣り合う場合のXの値として、正しいものはどれか。
　　　イ　　1m
　　　ロ　　2m
　　　ハ　　3m
　　　ニ　　4m

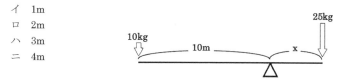

5　下図のように、物体に30Nと40Nの力が作用している場合、物体が動かないように物体に加えられる力Pの大きさはどれか。
　　　イ　　35N
　　　ロ　　50N
　　　ハ　　60N
　　　ニ　　70N

［B群（多肢択一法）］

6 鉄筋工事で使用する器工具・機械とその用途の組合せとして、適切でないものはどれか。

　　　　　器工具・機械　　　　　用途
　イ　シャーカッター・・・切断
　ロ　グラインダー・・・・研磨
　ハ　トラック・・・・・・運搬
　ニ　バイブレーター・・・組立

7 下図のスターラップの加工切断寸法(ℓ)の計算式として、適切なものはどれか。

　イ　ℓ=A+2B+12d
　ロ　ℓ=A+2B+14d
　ハ　ℓ=A+2B+16d
　ニ　ℓ=A+2B+18d

8 日本建築学会　建築工事標準仕様書(JASS5)によれば、異形鉄筋を使用した場合に、末端部にフックをつける必要のないものはどれか。
　イ　基礎梁の主筋
　ロ　柱の出隅部の鉄筋
　ハ　煙突の鉄筋
　ニ　あばら筋

9 文中の(　　)内に当てはまる数値として、正しいものはどれか。
　　日本建築学会　建築工事標準仕様書(JASS5)によれば、異形鉄筋における鉄筋相互のあきの最小寸法は、25mm、粗骨材最大寸法の1.25倍及び呼び名の数値の(　　)倍のうち、最も大きい数値とする。
　イ　1.1
　ロ　1.3
　ハ　1.5
　ニ　1.7

10 文中の(　　)内に当てはまる数値の組合せとして、正しいものはどれか。
　　日本建築学会　建築工事標準仕様書(JASS5)によれば、スパイラル筋の末端の重ね継手の長さは、(　①　)d以上かつ(　②　)mm以上とする。
　　　　　①　　　　②
　イ　50　　　　250
　ロ　50　　　　300
　ハ　40　　　　250
　ニ　40　　　　300

11 文中の(　　)内に当てはまる数値の組合せとして、正しいものはどれか。

日本建築学会　建築工事標準仕様書(JASS5)によれば、ガス圧接部の膨らみの直径A
は、鉄筋径の(①)倍以上、圧接部の長さBは、鉄筋径の(②)倍以上とする。

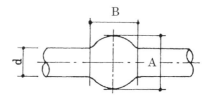

	①	②
イ	1.1	1.4
ロ	1.2	1.3
ハ	1.3	1.2
ニ	1.4	1.1

12 文中の(　　)内に当てはまる数値として、適切なものはどれか。

腹筋は、一般に、梁せいが(　　)mm以上の場合、あばら筋の振止めなどのために配
される鉄筋である。

イ 300
ロ 400
ハ 500
ニ 600

13 下図の単管足場において、A部の名称として、適切なものはどれか。

イ 筋かい
ロ 布
ハ 根がらみ
ニ 建地

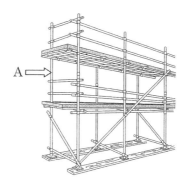

14 文中の(　　)内に当てはまる数値として、正しいものはどれか。

労働安全衛生法関係法令によれば、単管足場は、垂直方向において(　　)m以下、水
平方向において5.5m以下の間隔で壁つなぎ又は控えを設けなければならない。

イ 5
ロ 6
ハ 7
ニ 8

［B群（多肢択一法）］

15　コンクリート打込み後の養生に関する記述として、適切でないものはどれか。
　　　イ　直射日光を当て、できるだけ速く乾かす。
　　　ロ　急激な振動を与えないようにする。
　　　ハ　コンクリート表面を適当な温度に保つ。
　　　ニ　水分の急激な発散を防ぐようにする。

16　鋼の引張試験における応力度とひずみ度との関係において、ひずみ度が急激に大きくなり始めるときの頂となる点の応力度はどれか。
　　　イ　弾性限度
　　　ロ　下位降伏点
　　　ハ　上位降伏点
　　　ニ　比例限度

17　日本産業規格(JIS)によれば、次の鉄筋コンクリート用棒鋼のうち、種類を区別するための圧延マークが1個の突起で表示されるものはどれか。
　　　イ　SD490
　　　ロ　SD390
　　　ハ　SD345
　　　ニ　SD295A

18　日本建築学会　建築工事標準仕様書(JASS5)によれば、コンクリートの化学混和剤でないものはどれか。
　　　イ　流動化剤
　　　ロ　防腐剤
　　　ハ　AE剤
　　　ニ　減水剤

19　コンクリート工事において、先に打ち込んだコンクリートと後から打ち込んだコンクリートとの間が、完全に一体化していないことにより生じるものはどれか。
　　　イ　沈みひび割れ
　　　ロ　豆板
　　　ハ　ブリージング
　　　ニ　コールドジョイント

20　日本産業規格(JIS)の建築製図通則によれば、出入口一般を表す平面表示記号はどれか。

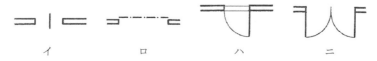

　　　　　イ　　　　　　　　ロ　　　　　　　　ハ　　　　　　　　ニ

21 下図のコンクリート施工図は、基準床面(FL)から開口部(AW−1)の下端までの高さ、開口部(AW−1)の高さ及び幅を示している。開口部表示の①及び②に当てはまる数値の組合せとして、正しいものはどれか。

	①	②
イ	750	750
ロ	750	800
ハ	800	750
ニ	1550	750

22 文中の(　)内に当てはまる数値として、正しいものはどれか。
　　建築基準法関係法令によれば、鉄筋コンクリート造の柱の主筋は、(　)本以上とすることとされている。
　　イ　3
　　ロ　4
　　ハ　6
　　ニ　8

23 文中の(　)内に当てはまる数値として、正しいものはどれか。
　　建築基準法関係法令によれば、鉄筋に対するコンクリートのかぶり厚さは、直接土に接する壁と柱にあっては(　)cm以上とされている。
　　イ　2
　　ロ　3
　　ハ　4
　　ニ　6

24 労働安全衛生法関係法令によれば、次の業務のうち、その業務に係る技能講習を終了した者がつくことができるものはどれか。
　　イ　研削といしの取替え又は取替え時の試運転の業務
　　ロ　最大荷重1トン未満の不整地運搬車の運転の業務
　　ハ　作業床の高さが10m未満の高所作業車の運転の業務
　　ニ　最大荷重が1トン以上のフォークリフトの運転の業務

［B群（多肢択一法）］

25　文中の(　　)内に当てはまる数値として、正しいものはどれか。

　　労働安全衛生法関係法令によれば、玉掛け用ワイヤロープ一よりの間において素線（フィラ線を除く。)の数の(　　)%以上の素線が切断しているものは、使用してはならないとされている。

　　　イ　　4
　　　ロ　　5
　　　ハ　　8
　　　ニ　　10

令和元年度 技能検定
2級 鉄筋施工 学科試験問題
（鉄筋組立て作業）

1. 試験時間　1時間40分
2. 問題数　50題(A群25題、B群25題)
3. 注意事項
    （1）　係員の指示があるまで、この表紙はあけないでください。
    （2）　答案用紙(真偽法と多肢択一法の併用)に検定職種名、作業名、級別、受検番号、氏名を必ず記入してください。
    （3）　係員の指示に従って、問題数を確かめてください。それらに異常がある場合は、黙って手を挙げてください。問題はA群(真偽法)とB群(多肢択一法)とに分かれています。
    （4）　試験開始の合図で始めてください。
    （5）　解答の方法(真偽法と多肢択一法の併用)は次のとおりです。
    　　　イ．　A群の問題(真偽法)は、一つ一つの問題の内容が正しいか、誤っているかを判断して解答してください。
    　　　ロ．　B群の問題(多肢択一法)は、正解と思うものを一つだけ選んで、解答してください。二つ以上に解答した場合は誤答となります。
    　　　ハ．　答案用紙(マークシート用紙)へ解答する際は、答案用紙に記載されている注意事項に従ってください。
    　　　ニ．　答案用紙の解答欄は、A群の問題とB群の問題とでは異なります。所定の解答欄に、試験問題の題数に応じて解答してください。解答欄はA群は50題まで、B群は25題まで解答できるようになっています。
    （6）　電子式卓上計算機その他これと同等の機能を有するものは、使用してはいけません。
    （7）　携帯電話等は、使用してはいけません。
    （8）　試験中、質問があるときは、黙って手を挙げてください。ただし、試験問題の内容、漢字の読み方等に関する質問にはお答えできません。
    （9）　試験終了時刻前に解答ができあがった場合は、黙って手を挙げて、係員の指示に従ってください。
    （10）　試験中に手洗いに立ちたいときは、黙って手を挙げて、係員の指示に従ってください。
    （11）　試験終了の合図があったら、筆記用具を置き、係員の指示に従ってください。

[A群(真偽法)]

1 鉄筋コンクリート造の四辺固定長方形スラブにおいて、1m幅当たりの鉄筋量は、一般に、長辺方向の端部上端よりも短辺方向の端部上端の方が少ない。

2 鉄骨鉄筋コンクリート構造とは、鉄骨とコンクリートで、あらゆる応力に抵抗する構造体である。

3 プレハブ建築の構造には、木質系、鉄骨系、コンクリート系などがある。

4 補強コンクリートブロック造では、ブロックのすべての空洞部にコンクリートを充填して固める必要がある。

5 ラーメン構造とは、柱とはりの接点を剛に接合した構造をいう。

6 バーカッターは、鉄筋を所要の長さに切断する機械である。

7 下図の帯筋の切断寸法は、2100mmである。

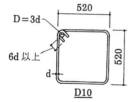

8 スラブの上端筋は、一般に、はり主筋に結束する方がよい。

9 日本建築学会 鉄筋コンクリート造配筋指針によれば、隣り合う鉄筋のガス圧接位置は、200mmずらせばよい。

10 床スラブの配筋の方法は、三辺固定でも四辺固定でも同じである。

11 ひさし、バルコニーのような片持ちスラブの主筋は、上端筋よりも下端筋の方が多い。

12 ネットワーク工程表には、工事日程や作業の順序が明確に表されている。

13 ローリングタワーは、一般に、不整地の作業に適している。

14 労働安全衛生法関係法令によれば、クレーン等を用いて作業するときは、運転についての合図を統一的に定め、関係者に周知しなければならない。

15 下図において、訂正墨として正しいものは①である。

16 鋼製のバーサポートは、組立て補助材のため、防錆処理する必要はない。

17 スペーサには、コンクリート製のものはない。

18 下図のうち、H形鋼は図Bである。

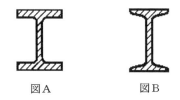

図A　　　　　図B

19 フレッシュコンクリートとは、練混ぜ後、固まっていないコンクリートをいう。

20 フォームタイを締め過ぎると、コンクリートの仕上がり面に凹凸が生じることがある。

21 日本工業規格(JIS)の建築製図通則によれば、次は、片開き窓を示す平面表示記号である。

22 コンクリート施工図において、耐力壁は、一般に、EWの記号で表される。

23 建築基準法関係法令によれば、鉄筋コンクリート造の柱は、主筋を8本以上とすれば、必ずしも帯筋(フープ)と緊結しなくてもよい。

24 鉄筋を荷揚げする場合は、台付け用ワイヤロープを使用するのがよい。

25 労働安全衛生法関係法令によれば、移動はしごは、幅が30cm以上のものでなければ使用してはならない。

［B群(多肢択一法)］

1　文中の(　　)内に当てはまる語句の組合せとして、正しいものはどれか。
　　四辺固定スラブにおいて、主筋及び配力筋は、一般に、スパンの中央部では下端に(　A　)配筋し、端部では上端に(　B　)配筋する。

	(A)	(B)
イ	少なく	少なく
ロ	少なく	多く
ハ	多く	少なく
ニ	多く	多く

2　文中の(　　)内に当てはまる語句として、正しいものはどれか。
　　擁壁が雨水などによって圧力を受ける場合、背面に(　　)を設け、圧力が増大しないよう考慮する。
　　　イ　防水層
　　　ロ　粘土層
　　　ハ　排水層
　　　ニ　断熱層

3　木構造の部材として、適切でないものはどれか。
　　　イ　火打ち
　　　ロ　大引き
　　　ハ　根太
　　　ニ　ボイドスラブ

4　下図の構造形式とその名称の組合せとして、正しいものはどれか。

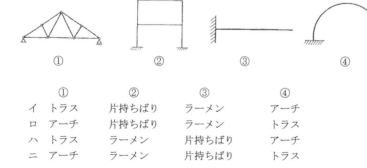

	①	②	③	④
イ	トラス	片持ちばり	ラーメン	アーチ
ロ	アーチ	片持ちばり	ラーメン	トラス
ハ	トラス	ラーメン	片持ちばり	アーチ
ニ	アーチ	ラーメン	片持ちばり	トラス

[B群(多肢択一法)]

5 文中の(　)内に当てはまる語句の組合せとして、正しいものはどれか。

鉛直方向に等分布荷重を受ける単純ばりの応力について、(　A　)は中央よりも端部の方が大きく、(　B　)は端部よりも中央の方が大きい。

	(A)	(B)
イ	引張力	せん断力
ロ	せん断力	曲げモーメント
ハ	曲げモーメント	圧縮力
ニ	曲げモーメント	せん断力

6 文中の(　)内に当てはまる数値として、適切なものはどれか。

鉄筋加工に使用される携帯型の油圧曲げ機用の電源は、一般に、(　)Vである。

　イ　100
　ロ　200
　ハ　300
　ニ　400

7 鉄筋工事で大ばり組立て時に、あばら筋(スタラップ)の間隔をチェックする測定器具として、最も適しているものはどれか。

　イ　三角スケール
　ロ　ノギス
　ハ　さしがね
　ニ　スケール(コンベックスルール)

8 下図のL形あばら筋(スタラップ)の加工切断寸法として、正しいものはどれか。

　イ　A+B+12d
　ロ　A+B+14d
　ハ　A+B+16d
　ニ　A+B+18d

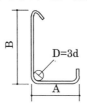

9 文中の(　)内に当てはまる数値として、適切なものはどれか。

日本建築学会 建築工事標準仕様書(JASS6)によれば、鉄骨にあける異形鉄筋の貫通孔の孔径は、特記がない場合、その鉄筋の最外径より(　)mm程度大きくあけるのがよい。

　イ　3
　ロ　4
　ハ　5
　ニ　10

[B群(多肢択一法)]

10 日本建築学会 建築工事標準仕様書(JASS5)によれば、鉄筋の種類とその鉄筋に対して圧接可能な鉄筋の種類の組合せとして、誤っているものはどれか。

  （鉄筋の種類） （圧接可能な鉄筋の種類）

 イ SR235 ・・・・・・ SR295

 ロ SD295A ・・・・・・ SD295B

 ハ SD295B ・・・・・・ SD345

 ニ SD345 ・・・・・・ SD490

11 文中の( )内に当てはまる数値として、正しいものはどれか。

 日本建築学会 建築工事標準仕様書(JASS5)によれば、異形鉄筋における鉄筋相互のあきの最小寸法は、25mm、粗骨材最大寸法の1.25倍、呼び名の数値の( )倍のうち、最も大きい数値とする。

 イ 1.1

 ロ 1.3

 ハ 1.5

 ニ 1.7

12 日本建築学会 建築工事標準仕様書(JASS5)によれば、ガス圧接継手を設ける異形鉄筋の組合せのうち、原則として、適切でないものはどれか。

 イ D22とD19

 ロ D25とD19

 ハ D29とD19

 ニ D32とD29

13 高所への鉄筋荷揚げ設備として、適切でないものはどれか。

 イ トラッククレーン

 ロ フォークリフト

 ハ タワークレーン

 ニ クローラークレーン

14　下図の足場の名称として、正しいものはどれか。

　　　　イ　単管足場
　　　　ロ　枠組足場
　　　　ハ　一側足場
　　　　ニ　つり足場

15　コンクリート打込み後の養生に関する記述として、誤っているものはどれか。
　　　　イ　振動を加えないようにする。
　　　　ロ　コンクリートの表面に風を当てないようにする。
　　　　ハ　直射日光を当て、できるだけ速く乾かす。
　　　　ニ　水分の急激な発散を防ぐようにする。

16　鋼の中に含まれている化学成分の元素名とその元素記号の組合せとして、正しいものはどれか。
　　　　（元素名）　　（元素記号）
　　　　イ　ケイ素　・・・　P
　　　　ロ　炭素　・・・・　C
　　　　ハ　リン　・・・・　S
　　　　ニ　マンガン　・・　N

17　日本工業規格(JIS)における異形棒鋼とその単位質量の組合せとして、誤っているものはどれか。
　　　　（異形棒鋼）　　（単位質量）
　　　　イ　D10・・・・0.491kg/m
　　　　ロ　D13・・・・0.995kg/m
　　　　ハ　D22・・・・3.04kg/m
　　　　ニ　D25・・・・3.98kg/m

[B群(多肢択一法)]

18　鉄筋工事における一般的な部位とその補助材の組合せとして、適切でないものはどれか。

　　　（部位）　　　　　　　（補助材）
　　イ　壁・・・・・・・・鉄筋うま
　　ロ　柱・・・・・・・・C型金物
　　ハ　床・・・・・・・・バースペーサー
　　ニ　はり・・・・・・・S型金物

19　日本工業規格(JIS)によれば、熱間圧延形鋼として、適切でないものはどれか。
　　イ　山形鋼
　　ロ　I形鋼
　　ハ　H形鋼
　　ニ　異形棒鋼

20　日本工業規格(JIS)の建築製図通則によれば、次の材料構造表示記号が表すものはどれか。

　　イ　コンクリート
　　ロ　割栗
　　ハ　石材
　　ニ　地盤

21　文中の(　　)内に当てはまる語句として、適切なものはどれか。
　　　次の表示において、上段の500は、一般に、(　　)を表す。

　　イ　はりせい
　　ロ　はりの天端レベル
　　ハ　はり幅
　　ニ　はりの天端フカシ

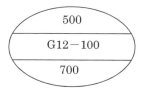

22　建築基準法関係法令によれば、異形鉄筋の末端を折り曲げずに定着してよい部分はどれか。
　　イ　柱の出すみ
　　ロ　はりの出すみ
　　ハ　耐力壁
　　ニ　煙突

23 文中の(   )内に当てはまる数値として、正しいものはどれか。

建築基準法関係法令によれば、鉄筋コンクリート造に使用するコンクリートの強度について、4週圧縮強度は、(   )以上でなければならない。ただし、軽量骨材を使用する場合を除く。

イ 5 N/mm^2

ロ 12 N/mm^2

ハ 21 N/mm^2

ニ 32 N/mm^2

24 文中の(   )内に当てはまる数値として、正しいものはどれか。

労働安全衛生法関係法令によれば、高さ(   )m以上の作業場所で墜落により労働者に危険を及ぼすおそれのあるときは、作業床を設けなければならない。

イ   1.2

ロ   1.5

ハ   1.8

ニ   2.0

25 労働安全衛生法関係法令によれば、特に危険な作業を必要とする機械等(特定機械等)に該当しないものはどれか。

イ   つり上げ荷重が3トンの移動式クレーン

ロ   つり上げ荷重が1トンのデリック

ハ   積載荷重が1トンのエレベーター

ニ   ゴンドラ

平成30年度 技能検定
2級 鉄筋施工 学科試験問題
（鉄筋組立て作業）

1. 試験時間　1時間40分
2. 問題数　　50題(A群25題、B群25題)
3. 注意事項
   （1）　係員の指示があるまで、この表紙はあけないでください。
   （2）　答案用紙(真偽法と多肢択一法の併用)に検定職種名、作業名、級別、受検番号、氏名を必ず記入してください。
   （3）　係員の指示に従って、問題数を確かめてください。それらに異常がある場合は、黙って手を挙げてください。問題はA群(真偽法)とB群(多肢択一法)とに分かれています。
   （4）　試験開始の合図で始めてください。
   （5）　解答の方法(真偽法と多肢択一法の併用)は次のとおりです。
   　　イ．　A群の問題(真偽法)は、一つ一つの問題の内容が正しいか、誤っているかを判断して解答してください。
   　　ロ．　B群の問題(多肢択一法)は、正解と思うものを一つだけ選んで、解答してください。二つ以上に解答した場合は誤答となります。
   　　ハ．　答案用紙(マークシート用紙)へ解答する際は、答案用紙に記載されている注意事項に従ってください。
   　　ニ．　答案用紙の解答欄は、A群の問題とB群の問題とでは異なります。所定の解答欄に、試験問題の題数に応じて解答してください。解答欄はA群は50題まで、B群は25題まで解答できるようになっています。
   （6）　電子式卓上計算機その他これと同等の機能を有するものは、使用してはいけません。
   （7）　携帯電話等は、使用してはいけません。
   （8）　試験中、質問があるときは、黙って手を挙げてください。ただし、試験問題の内容、漢字の読み方等に関する質問にはお答えできません。
   （9）　試験終了時刻前に解答ができあがった場合は、黙って手を挙げて、係員の指示に従ってください。
   （10）　試験中に手洗いに立ちたいときは、黙って手を挙げて、係員の指示に従ってください。
   （11）　試験終了の合図があったら、筆記用具を置き、係員の指示に従ってください。

[A群(真偽法)]

1 鉄骨鉄筋コンクリート造は、鉄筋コンクリート造に比べて、地震に対して粘り強い構造である。

2 壁式鉄筋コンクリート造とは、一般に、鉄筋コンクリート造の耐力壁とそれが一体となる剛なスラブで構成される構造をいう。

3 木造建築物には、一般に、風圧力や地震力に抵抗するために筋かいを入れる。

4 鉄骨造は、一般に、大スパンの構造に適している。

5 単純ばりのたわみは、はりの断面形状及び作用する荷重が同じであっても、スパンによって異なる。

6 3相200Vの鉄筋切断機や曲げ加工機は、3本の電源のうち、2本が入れ替わっても逆回転することはない。

7 日本建築学会 建築工事標準仕様書(JASS5)によれば、下図に示す鉄筋の加工後の全長(ℓ)の許容差は、特記のない場合、±50mmである。

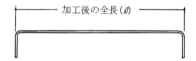

8 柱断面が下図のように絞りがある場合、大ばり上端筋の定着長さは、②の柱面からとる。

9 日本建築学会 建築工事標準仕様書(JASS5)によれば、D16とD25との鉄筋の継手は、原則として、圧接継手を設けてはならないとされている。

10 帯筋(フープ)は、一般に、柱筋の圧接前に入れ込んでおくと施工性がよい。

11 日本建築学会 建築工事標準仕様書(JASS5)によれば、屋根スラブ下端筋の定着長さは、特記のない場合、5d以上とされている。

12 日本建築学会 建築工事標準仕様書(JASS5)によれば、工事種別施工計画書には、品質管理計画書も含まれる。

[A群(真偽法)]

13　防護棚(朝顔)とは、足場の外側にはね出して設ける落下物防止設備のことをいう。

14　荷受け構台とは、資材や廃棄物等を搬出入するために設ける仮設物をいう。

15　ベンチマークは、建物の位置及び高さの基準である。

16　鉄筋の線膨張係数は、コンクリートよりも大きい。

17　ドーナツ形のスペーサは、柱、壁及びはり側面の鉄筋のかぶり厚さを保つために使用する。

18　型枠の支保工の支柱には、木材を使用してはならない。

19　フォームタイは、足場の組立てに使用される部材である。

20　コンクリートの強度は、一般に、3週圧縮強度で表される。

21　日本工業規格(JIS)によれば、下図は、コンクリート及び鉄筋コンクリートを表す材料構造表示記号である。

22　鉄筋施工図における部材記号として、一般に、「B」は、大ばりを表す略記号として用いられる。

23　建築基準法関係法令によれば、鉄筋コンクリート造のはりの構造は、複筋ばりとし、これにあばら筋をはりの丈の4分の3以下の間隔で配置しなければならないと規定されている。

24　労働安全衛生法関係法令によれば、つり足場上では、脚立を使用して作業を行ってもよいと規定されている。

25　熱中症対策の一つとして、休憩場所を日当たりのよいところに設けることがあげられる。

[B群(多肢択一法)]

1 鉄筋コンクリート造の擁壁に対する設計的な配慮として、適切でないものはどれか。
    イ 鉄筋のかぶり厚さを少なくする。
    ロ 背面土の排水処理を施す。
    ハ 伸縮目地を設ける。
    ニ すべり止めの突起を設ける。

2 文中の(　)内に当てはまる数値として、適切なものはどれか。
    鉄筋コンクリート造において、コンクリートの引張強度は、圧縮強度の(　)程度である。
    イ 1/2
    ロ 1/5
    ハ 1/10
    ニ 1/20

3 文中の(　)内に当てはまる語句として、適切なものはどれか。
    鉄骨造において、柱とはりの接合には、一般に、(　)が使用されている。
    イ ハイテンションボルト
    ロ スタッドボルト
    ハ つりボルト
    ニ アンカーボルト

4 下図において、10kgと25kgが釣り合う場合のXの値として、正しいものはどれか。
    イ 1m
    ロ 2m
    ハ 3m
    ニ 4m

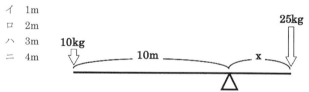

5 下図の構造形式はどれか。
    イ トラス
    ロ ラーメン
    ハ 片持ちばり
    ニ アーチ

[B群(多肢択一法)]

6　鉄筋工事の作業とそれに使用する工具の組合せとして、適切でないものはどれか。
　　　　（作業）　　　　　　（工具）
　　イ　鉄筋の切断　　　　電動カッター
　　ロ　鉄筋の曲げ　　　　バーベンダー
　　ハ　鉄筋の圧接　　　　油圧矯正機
　　ニ　鉄筋の結束　　　　手ハッカー

7　文中の(　　)内に当てはまる数値として、正しいものはどれか。
　　日本建築学会　建築工事標準仕様書(JASS5)によれば、あばら筋、帯筋及びスパイラル筋の加工寸法の許容差は、特記がない場合、±(　　)mmとされている。
　　イ　5
　　ロ　10
　　ハ　15
　　ニ　20

8　SD345 D25−5000mmの鉄筋を下図のように加工した場合、アンカーの長さ(ℓ)の寸法として、最も近いものはどれか。
　　イ　500mm
　　ロ　525mm
　　ハ　550mm
　　ニ　575mm

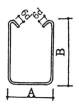

9　下図のあばら筋(スターラップ)の加工切断寸法(ℓ)として、正しいものはどれか。
　　イ　ℓ=A+2B+12d
　　ロ　ℓ=A+2B+14d
　　ハ　ℓ=A+2B+16d
　　ニ　ℓ=A+2B+18d

10　日本建築学会　建築工事標準仕様書(JASS5)によれば、ベース下端筋に対する設計かぶり厚さとして、正しいものはどれか。
　　イ　30mm
　　ロ　40mm
　　ハ　50mm
　　ニ　70mm

11 日本建築学会 建築工事標準仕様書(JASS5)によれば、小ばり下端筋の大ばりへの
定着長さとして、正しいものはどれか。
イ 20d 又は 10dフック付き
ロ 25d 又は 15dフック付き
ハ 30d 又は 20dフック付き
ニ 35d 又は 25dフック付き

12 文中の( )内に当てはまる数値として、適切なものはどれか。
腹筋は、一般に、はりせいが( )mm以上の場合、あばら筋(スターラップ)の振
止めなどのための補助筋として使われる。
イ 300
ロ 600
ハ 900
ニ 1200

13 日本建築学会 建築工事標準仕様書(JASS5)によれば、スラブにおける鉄筋のサポ
ート(スペーサーブロック)を配置する標準数量として、正しいものはどれか。
イ 1.0個/m²程度
ロ 1.3個/m²程度
ハ 1.6個/m²程度
ニ 2.0個/m²程度

14 下図の単管足場において、A部の名称として、正しいものはどれか。
イ 筋かい
ロ 布
ハ 根がらみ
ニ 建地

A⟹

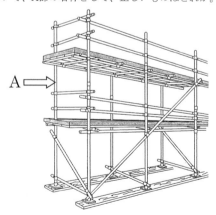

［B群(多肢択一法)］

15　下図の山留め壁の名称として、正しいものはどれか。
　　　イ　鋼矢板壁
　　　ロ　ソイルセメント壁
　　　ハ　鋼管矢板壁
　　　ニ　親杭横矢板壁

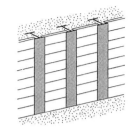

16　日本工業規格(JIS)において、鉄筋コンクリート用棒鋼の圧延マークによる表示
　　で、突起がないものはどれか。
　　　イ　SD490
　　　ロ　SD390
　　　ハ　SD345
　　　ニ　SD295A

17　日本工業規格(JIS)における鉄筋コンクリート用棒鋼において、異形棒鋼の単位質
　　量として、誤っているものはどれか。
　　　イ　D10は、0.560kg/mである。
　　　ロ　D13は、1.56kg/mである。
　　　ハ　D22は、3.04kg/mである。
　　　ニ　D25は、3.98kg/mである。

18　日本建築学会　建築工事標準仕様書(JASS5)によれば、コンクリートの化学混和剤
　　でないものはどれか。
　　　イ　流動化剤
　　　ロ　防腐剤
　　　ハ　AE剤
　　　ニ　減水剤

19　下図の形鋼の名称として、正しいものはどれか。
　　　イ　H形鋼
　　　ロ　I形鋼
　　　ハ　T形鋼
　　　ニ　山形鋼

20 日本工業規格(JIS)の建築製図通則によれば、下図に示す平面表示記号のうち、出入口一般を表すものはどれか。

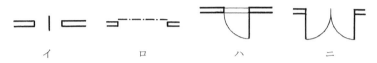

イ   ロ   ハ   ニ

21 下図のコンクリート施工図は、基準床面(FL)から開口部(AW-1)下端までの高さ、開口部(AW-1)の高さ及び幅を示しているが、開口部表示の①及び②に当てはまる数値の組合せとして、正しいものはどれか。

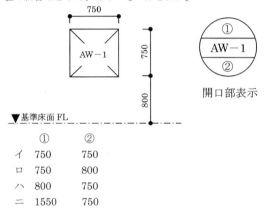

開口部表示

	①	②
イ	750	750
ロ	750	800
ハ	800	750
ニ	1550	750

22 文中の( )内に当てはまる数値として、正しいものはどれか。
　建築基準法関係法令によれば、鉄筋コンクリート造の柱の主筋は、( )本以上とすることと規定されている。
　　イ 3
　　ロ 4
　　ハ 6
　　ニ 8

23 文中の( )内に当てはまる語句として、正しいものはどれか。
　建築基準法関係法令によれば、鉄筋コンクリート造の主筋の継手は、原則として、構造部材における( )に設けることが望ましい。
　　イ 圧縮力の大きい部分
　　ロ 圧縮力の小さい部分
　　ハ 引張力の大きい部分
　　ニ 引張力の小さい部分

［B群(多肢択一法)］

24　労働安全衛生法関係法令において、技能講習を必要とする業務はどれか。
　　イ　研削といしの取替え又は取替え時の試運転の業務
　　ロ　最大荷重1トン未満の不整地運搬車の運転の業務
　　ハ　作業床の高さが10m未満の高所作業車の運転の業務
　　ニ　最大荷重が1トン以上のフォークリフトの運転の業務

25　事故発生時の一般的な注意事項の記述として、誤っているものはどれか。
　　イ　軽症であることが確認されるまでは、水平にして寝かす。
　　ロ　救護処置は、冷静かつ迅速に、適切な順序で行う。
　　ハ　顔が紅潮している時は、頭を少し下げて寝かす。
　　ニ　出血や骨折など負傷がないか確認する。

令和2年度 技能検定
1級 鉄筋施工 学科試験問題
（鉄筋組立て作業）

1. 試験時間　1時間40分
2. 問題数　　50題(A群25題、B群25題)
3. 注意事項
   （1）　係員の指示があるまで、この表紙はあけないでください。
   （2）　答案用紙(真偽法と多肢択一法の併用)に検定職種名、作業名、級別、受検番号、氏名を必ず記入してください。
   （3）　係員の指示に従って、問題数を確かめてください。それらに異常がある場合は、黙って手を挙げてください。問題はA群(真偽法)とB群(多肢択一法)とに分かれています。
   （4）　試験開始の合図で始めてください。
   （5）　解答の方法(真偽法と多肢択一法の併用)は次のとおりです。
   　　イ．　A群の問題(真偽法)は、一つ一つの問題の内容が正しいか、誤っているかを判断して解答してください。
   　　ロ．　B群の問題(多肢択一法)は、正解と思うものを一つだけ選んで、解答してください。二つ以上に解答した場合は誤答となります。
   　　ハ．　答案用紙(マークシート用紙)へ解答する際は、答案用紙に記載されている注意事項に従ってください。
   　　ニ．　答案用紙の解答欄は、A群の問題とB群の問題とでは異なります。所定の解答欄に、試験問題の題数に応じて解答してください。解答欄はA群は50題まで、B群は25題まで解答できるようになっています。
   （6）　電子式卓上計算機その他これと同等の機能を有するものは、使用してはいけません。
   （7）　携帯電話、スマートフォン、ウェアラブル端末等は、使用してはいけません。
   （8）　試験中、質問があるときは、黙って手を挙げてください。ただし、試験問題の内容、漢字の読み方等に関する質問にはお答えできません。
   （9）　試験終了時刻前に解答ができあがった場合は、黙って手を挙げて、係員の指示に従ってください。
   （10）　試験中に手洗いに立ちたいときは、黙って手を挙げて、係員の指示に従ってください。
   （11）　試験終了の合図があったら、筆記用具を置き、係員の指示に従ってください。

［A群（真偽法）］

1　あばら筋とは、柱のせん断補強として使用するもので、フープともいう。

2　鉄骨鉄筋コンクリート造では、原則として、鉄骨フランジに鉄筋の貫通孔を設けてはならない。

3　鉄筋コンクリート造の四辺固定長方形スラブにおいて、1m幅当たりの鉄筋量は、一般に、長辺方向の端部上端筋よりも短辺方向の端部上端筋の方が少ない。

4　枠組壁構法は、木質系住宅で使用される構法である。

5　鉄骨造は、耐火被覆がなくても耐火構造である。

6　下図において、Cは、AとBの力の合力として正しい。

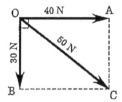

7　曲げ加工機で鉄筋を折曲げ加工する場合は、一般に、鉄筋の径に関係なく、曲げ加工機の回転速度や曲げ直径の大きさを一定にした方がよい。

8　日本建築学会　建築工事標準仕様書(JASS5)によれば、あばら筋の加工寸法の許容差は、下図のA、Bとも±15mmとなっている。

9　鉄筋のSD345とSD390は、圧接可能である。

10　階段の配筋において、スラブ式と片持ち式では、一般に、主筋の方向が異なる。

11　日本建築学会 建築工事標準仕様書(JASS5)によれば、鉄筋をガス圧接する場合、鉄筋の突合せ面のすき間は、下図のように5mm以下とする。

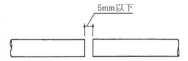

12　杭基礎の基礎筋(ベース筋)のかぶり厚さは、下図のAのように杭頭からとる。

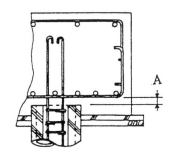

13　日本建築学会 建築工事標準仕様書(JASS5)によれば、施工計画書とは、施工者が工事を実際に進めるために、工期、使用機材、使用材料、各工事種別の具体的方法などを図面や文書にしたものをいう。

14　クレーンのつり上げ荷重とは、フックやグラブバケット等のつり具の重量を含んだ荷重をいう。

15　足場の朝顔は、工事中の落下物による危険を防止するために取り付けられている。

16　日本建築学会 建築工事標準仕様書(JASS5)によれば、レディーミクストコンクリートは、外気温が25℃未満の場合、練混ぜ開始後、2時間を超過したときは、原則として、打設してはならない。

17　日本建築学会 建築工事標準仕様書(JASS5)によれば、応力を伝達する溶接金網の重ね継手は、最外縁の横線間距離を横線間隔＋50mmかつ150mm以上とする。

18　日本産業規格(JIS)によれば、異形棒鋼のSD345における記号の数字「345」は、この異形棒鋼の降伏点又は耐力の下限値を表している。

19　鉄筋格子とは、棒鋼を直交して配列し、それらの交点を電気抵抗溶接して、格子状にした鉄筋網をいう。

［A群（真偽法）］

20 日本産業規格(JIS)によれば、異形棒鋼のSD390は、圧延マークによる表示として、1個の突起を付けて種類を区別する。

21 日本建築学会 建築工事標準仕様書(JASS5)によれば、軽量コンクリートの気乾単位容積質量は、3.0t／m³前後となっている。

22 ガセットプレートとは、鉄骨部材の柱や梁の接合部に使用する鋼板をいう。

23 日本産業規格(JIS)の建築製図通則によれば、次は、地盤を表す材料構造表示記号である。

24 基礎コンクリート施工図において、次の表示は、基礎梁の部材寸法等を表したものである。

FS1	−2500
	250

25 労働安全衛生法関係法令によれば、単管足場の地上第一の布は、高さ5m以下の位置に設けることとされている。

［B群（多肢択一法）］

1 文中の(　)内に当てはまる数値の組合せとして、適切なものはどれか。
　　鉄筋コンクリート造において、コンクリートの引張強度は、圧縮強度の(①)程度である。また、鉄筋の引張強度は、500℃程度に加熱されると常温時の(②)程度となる。
　　　　　　　①　　　　②
　　イ　1／5　　　1／2
　　ロ　1／5　　　1／3
　　ハ　1／10　　 1／2
　　ニ　1／10　　 1／3

2 文中の(　)内に当てはまる数値の組合せとして、正しいものはどれか。
　　建築基準法関係法令によれば、長方形スラブにおける配筋について、最大曲げモーメントを受ける部分における引張鉄筋の間隔は、短辺方向(①)cm以下、長辺方向30cm以下で、かつ、スラブ厚さの(②)倍以下とする。
　　　　　　　①　　　②
　　イ　15　　　2
　　ロ　15　　　3
　　ハ　20　　　2
　　ニ　20　　　3

3 木造建築物における次の部材のうち、一般に、水平力を負担しないものはどれか。
　　イ　筋かい
　　ロ　火打ち梁
　　ハ　束
　　ニ　方杖

4 下図に示す片持ち梁の先端に集中荷重P(200N)が作用した場合、A点のせん断力として、正しいものはどれか。
　　イ　200N
　　ロ　400N
　　ハ　600N
　　ニ　1000N

5 文中の(　)内に当てはまる数値として、適切なものはどれか。
　　鉄筋加工に使用される携帯型の油圧曲げ加工機は、一般に、(　)Vの電源を用いる。
　　イ　100
　　ロ　200
　　ハ　300
　　ニ　400

［B群（多肢択一法）］

6　あばら筋や副あばら筋における末端部のフックの折曲げ角度と余長の組合せとして、適切でないものはどれか。

折曲げ角度　　余長

イ　45°　　　　10d以上

ロ　90°　　　　8d以上

ハ　135°　　　6d以上

ニ　180°　　　4d以上

7　下図の形状のキャップタイの鉄筋の加工切断寸法(ℓ)の計算式として、適切なものはどれか。

イ　$\ell = A + 12d$

ロ　$\ell = A + 14d$

ハ　$\ell = A + 16d$

ニ　$\ell = A + 18d$

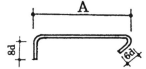

8　文中の(　　)内に当てはまる数値として、正しいものはどれか。

日本建築学会　建築工事標準仕様書(JASS5)によれば、下図のように梁の主筋を柱へ折曲げ定着する場合、Laの投影定着長さは、原則として、柱せいの(　　)倍以上とする。

イ　1／2

ロ　2／3

ハ　3／4

ニ　5／6

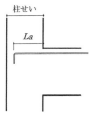

9　文中の(　　)内に当てはまる数値として、正しいものはどれか。

日本建築学会　建築工事標準仕様書(JASS5)によれば、設計基準強度(Fc)が21N／mm²のコンクリートにSD345の異形鉄筋を直線定着する場合の定着長さは、(　　)dである。

イ　40

ロ　35

ハ　30

ニ　25

10 日本建築学会 建築工事標準仕様書(JASS5)によれば、異形鉄筋のあきの最小寸法に関する記述として、誤っているものはどれか。

    イ　鉄筋の呼び名の数値の1.5倍以上とする。

    ロ　鉄筋の最外径の1.25倍以上とする。

    ハ　コンクリートの粗骨材最大寸法の1.25倍以上とする。

    ニ　25mm以上とする。

11 鉄筋工事の施工方針を策定するに当たり、使用される記号と語句の組合せとして、適切でないものはどれか。

    記号　　　語句

    イ　Q　・・・　質疑

    ロ　C　・・・　原価

    ハ　D　・・・　工期

    ニ　S　・・・　安全

12 文中の(　　)内に当てはまる数値として、正しいものはどれか。

    49トンの梁配筋の組立てを、7人が10日で完了するには、1人当たり1日(　　)トンの組立てが必要になる。

    イ　0.5

    ロ　0.6

    ハ　0.7

    ニ　0.8

13 労働安全衛生法関係法令によれば、足場に関する記述として、誤っているものはどれか。

    イ　つり足場の作業床は、幅を40cm以上とし、かつ、すき間がないようにする。

    ロ　つり足場の上では、脚立を用いて作業してもよい。

    ハ　単管足場の建地間の積載荷重は、400kgを限度とする。

    ニ　単管足場の建地間の積載荷重とは、隣合う4本の建地で囲まれた1作業床に積載し得る荷重をいう。

14 鉄骨工事に関する記述として、適切でないものはどれか。

    イ　ベースプレートは、柱の柱脚に使用する。

    ロ　スタッドボルトは、鉄骨とコンクリートの付着を高める。

    ハ　アンカーボルトは、柱と梁の接合部分を補強する。

    ニ　ハイテンションボルトは、鉄骨を接合する。

［B群（多肢択一法）］

15 日本産業規格(JIS)によれば、鉄筋コンクリート用棒鋼の呼び名と単位質量(kg／m)の組合せとして、誤っているものはどれか。

呼び名　単位質量(kg／m)
　イ　D10　　0.56
　ロ　D16　　1.56
　ハ　D22　　3.04
　ニ　D29　　6.23

16 鋼の物理的性質に関する説明として、誤っているものはどれか。
　イ　弾性限度とは、引張破断が起きるときの応力度をいう。
　ロ　比例限度とは、応力度とひずみ度が正比例をなす限度をいう。
　ハ　上位降伏点とは、急激に大きなひずみが起こり始めるときの応力度をいう。
　ニ　引張強度とは、引張応力度が最大値になったときの応力度をいう。

17 コンクリートの施工しやすさに関連する用語でないものはどれか。
　イ　スランプ
　ロ　フロー値
　ハ　ヤング係数
　ニ　ワーカビリティー

18 文中の(　　)内に当てはまる数値として、正しいものはどれか。
　　コンクリートの圧縮強度は、一般に、材齢(　　)週における強度で表す。
　イ　3
　ロ　4
　ハ　5
　ニ　6

19 日本産業規格(JIS)の建築製図通則によれば、次の材料構造表示記号が示すものとして、正しいものはどれか。
　イ　軽量壁一般
　ロ　コンクリート壁　　　　　　　
　ハ　木造壁
　ニ　軽量ブロック壁

20 次のコンクリート施工図のスラブ記号における「220」が示す高さとして、適切なものはどれか。

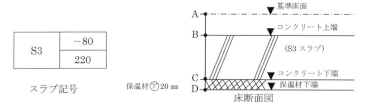

S3	−80
	220

スラブ記号

保温材⑦20 mm

床断面図

イ　A−C間(基準床面からスラブコンクリート下端までの高さ)
ロ　A−D間(基準床面から保温材下端までの高さ)
ハ　B−C間(スラブコンクリート上端からスラブコンクリート下端までの高さ)
ニ　B−D間(スラブコンクリート上端から保温材下端までの高さ)

21 一般に、建築図面における略記号とその用語の組合せとして、適切なものはどれか。
　　　略記号　　　　用語
　　イ　B.M.　・・・床の仕上げ高さ
　　ロ　G.L.　・・・地盤の高さ
　　ハ　F.L.　・・・建物の基準高さ
　　ニ　C.L.　・・・開口部の高さ

22 文中の（　）内に当てはまる数値の組合せとして、正しいものはどれか。
　　建築基準法関係法令によれば、鉄筋コンクリート造における柱の主筋は（①）本以上とし、主筋の断面積の和は、コンクリートの断面積の（②）%以上としなければならない。
　　　　　　①　　　②
　　イ　8　　　0.4
　　ロ　8　　　0.8
　　ハ　4　　　0.4
　　ニ　4　　　0.8

［B群（多肢択一法）］

23 文中の( )内に当てはまる数値の組合せとして、正しいものはどれか。
　　建築基準法関係法令によれば、鉄筋に対するコンクリートのかぶり厚さは、耐力壁、柱又は梁にあっては(①)cm以上、基礎(布基礎の立上り部分を除く。)にあっては捨コンクリートの部分を除いて(②)cm以上としなければならない。

	①	②
イ	3	5
ロ	2	5
ハ	3	6
ニ	2	6

24 文中の( )内に当てはまる数値として、正しいものはどれか。
　　労働安全衛生法関係法令によれば、移動はしごについては、幅が( )cm以上のものでなければ使用してはならない。
　　　　イ　15
　　　　ロ　20
　　　　ハ　25
　　　　ニ　30

25 文中の( )内に当てはまる数値として、正しいものはどれか。
　　労働安全衛生法関係法令によれば、高さ( )m以上の作業場所で墜落により労働者に危険を及ぼすおそれのあるときは、作業床を設けなければならない。
　　　　イ　1.0
　　　　ロ　1.5
　　　　ハ　1.8
　　　　ニ　2.0

令和元年度 技能検定
1級 鉄筋施工 学科試験問題
（鉄筋組立て作業）

1. 試験時間　1時間40分
2. 問題数　50題(A群25題、B群25題)
3. 注意事項
   （1）　係員の指示があるまで、この表紙はあけないでください。
   （2）　答案用紙(真偽法と多肢択一法の併用)に検定職種名、作業名、級別、受検番号、氏名を必ず記入してください。
   （3）　係員の指示に従って、問題数を確かめてください。それらに異常がある場合は、黙って手を挙げてください。問題はA群(真偽法)とB群(多肢択一法)とに分かれています。
   （4）　試験開始の合図で始めてください。
   （5）　解答の方法(真偽法と多肢択一法の併用)は次のとおりです。
   　イ．　A群の問題(真偽法)は、一つ一つの問題の内容が正しいか、誤っているかを判断して解答してください。
   　ロ．　B群の問題(多肢択一法)は、正解と思うものを一つだけ選んで、解答してください。二つ以上に解答した場合は誤答となります。
   　ハ．　答案用紙(マークシート用紙)へ解答する際は、答案用紙に記載されている注意事項に従ってください。
   　ニ．　答案用紙の解答欄は、A群の問題とB群の問題とでは異なります。所定の解答欄に、試験問題の題数に応じて解答してください。解答欄はA群は50題まで、B群は25題まで解答できるようになっています。
   （6）　電子式卓上計算機その他これと同等の機能を有するものは、使用してはいけません。
   （7）　携帯電話等は、使用してはいけません。
   （8）　試験中、質問があるときは、黙って手を挙げてください。ただし、試験問題の内容、漢字の読み方等に関する質問にはお答えできません。
   （9）　試験終了時刻前に解答ができあがった場合は、黙って手を挙げて、係員の指示に従ってください。
   （10）　試験中に手洗いに立ちたいときは、黙って手を挙げて、係員の指示に従ってください。
   （11）　試験終了の合図があったら、筆記用具を置き、係員の指示に従ってください。

[A群(真偽法)]

1　壁式鉄筋コンクリート造とは、柱とはりで構成されるラーメンの間に耐震壁を配した構造のことをいう。

2　柱の帯筋(フープ)は、一般に、せん断力に対して有効に働く。

3　片持ち式の階段は、シングル配筋された壁からはね出した構造になっている。

4　木工事で使用する釘の長さは、原則として、打ち付ける板厚の2.5倍以上とする。

5　鉄骨造は、一般に、大スパンの構造に適している。

6　下図に示すように力[N]が作用した場合、力[N]がつり合っている状態である。

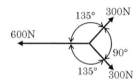

7　曲げ加工機で鉄筋を折り曲げ加工する場合、D19よりもD29の方において、曲げ加工機の回転速度を速くする。

8　あばら筋(スタラップ)と帯筋(フープ)の加工寸法の許容差は、特記がない場合、突当寸法で±10mmである。

9　下図の形状によるU形あばら筋(スタラップ)のキャップタイの加工における切断寸法は、A+12d程度必要である。

10　ガス圧接による鉄筋の縮み代は、1箇所につき3dである。

11　大ばりと小ばりの接合部では、大ばりの腹筋を小ばりの断面内に必ず通さなくてはならない。

12　異形鉄筋の最外径は、異形鉄筋の縦リブ外側間の寸法である。

13 バーチャート工程表は、ネットワーク工程表よりも各関連業種の作業の相互関係が分かりやすい。

14 クレーン又は移動式クレーンの過負荷防止装置の主な目的は、巻きすぎによるロープの切断を防止することである。

15 鉄骨建方工事における吊り足場の作業床の位置は、一般に、鉄骨フランジの下端から50cm程度下に設ける。

16 鉄筋先組工法とは、柱、はり等の鉄筋をあらかじめ組み立て、所定の位置に組み込む工法をいう。

17 はり及びスラブのコンクリートの打継ぎは、中央部よりも端部で行う方がよい。

18 鉄筋格子(バーメッシュ)は、縦筋と横筋の交点を電気抵抗溶接した鉄筋網である。

19 鉄筋の降伏点強度は、破断強度よりも大きい。

20 異形鉄筋は、丸鋼よりもコンクリートの付着性が良い。

21 普通コンクリートの強度は、通常、材齢21日の圧縮強度で表される。

22 パイプサポートは、型枠支保工に使用される。

23 日本工業規格(JIS)の建築製図通則によれば、次は、出入口一般を表す平面表示記号である。

24 コンクリート施工図において、次の表示は、一般に、はり幅＝800mm、はりせい＝500mmを表す。

25 労働安全衛生法関係法令によれば、つり足場の作業床には、3cm以下の隙間があってもよいとされている。

[B群(多肢択一法)]

1　あばら筋(スタラップ)が負担するはりの応力として、正しいものはどれか。
　　　イ　せん断力
　　　ロ　曲げモーメント
　　　ハ　圧縮力
　　　ニ　引張力

2　建築物の構造に関する記述として、適切でないものはどれか。
　　　イ　鉄骨造は、ラーメン骨組、トラス骨組等の構造形式が可能である。
　　　ロ　鉄筋の線膨張係数は、コンクリートに比べて非常に小さい。
　　　ハ　鉄骨造では、地震力とともに風荷重に対しても十分な配慮が必要である。
　　　ニ　鉄骨鉄筋コンクリート造は、鉄筋コンクリート造に比べて、じん性が大き
　　　　　く、耐震性に優れている。

3　下図の屋根形状とその名称の組合せとして、誤っているものはどれか。

　　　イ　片流れ屋根　　ロ　寄せ棟屋根　　ハ　入母屋屋根　　ニ　方形屋根

4　片持ちばりの曲げモーメント図として、正しいものはどれか。

　　　　　　イ　　　　　　　　　ロ　　　　　　　　　ハ　　　　　　　　　ニ

5　鉄筋工事における用途と器工具・機械の組合せとして、誤っているものはどれか。
　　　　　(用途)　　　　(器工具・機械)
　　　イ　加工　・・・　シャーカッター
　　　ロ　揚重　・・・　クレーン
　　　ハ　運搬　・・・　トラック
　　　ニ　組立　・・・　バイブレーター

6　D22－4000mmの鉄筋を下図のように加工した場合、アンカーの長さ(ℓ)を求める
　　式として、最も適切なものはどれか。
　　　イ　ℓ＝500mm +1.5d
　　　ロ　ℓ＝500mm +2.0d
　　　ハ　ℓ＝500mm +2.5d
　　　ニ　ℓ＝500mm +3.0d

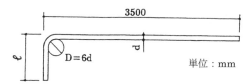

7 鉄筋の継手の方法として、誤っているものはどれか。
   イ 溶接継手
   ロ ほぞ継手
   ハ 機械式継手
   ニ ガス圧接継手

8 文中の( )内に当てはまる語句として、適切なものはどれか。
   日本建築学会 鉄筋コンクリート造配筋指針において、はり中間部で腹筋を継ぐ
   場合の継手長さは、原則として、( )としている。
   イ 5d
   ロ 10d
   ハ 100mm程度
   ニ 150mm程度

9 文中の( )内に当てはまる数値の組合せとして、正しいものはどれか。
   日本建築学会 建築工事標準仕様書(JASS5)によれば、異形鉄筋の鉄筋相互のあ
   きは、粗骨材の最大寸法の(A)倍、25mm、呼び名の数値の(B)倍のうち最
   も数値が大きいものとされている。
	(A)	(B)
イ	1.25	1.25
ロ	1.5	1.25
ハ	1.25	1.5
ニ	1.5	1.5

10 文中の( )内に当てはまる数値の組合せとして、正しいものはどれか。
   日本建築学会 建築工事標準仕様書(JASS5)によれば、ガス圧接部の鉄筋中心軸
   の偏心量①は、鉄筋径の(A)以下、ガス圧接部のふくらみの直径②は、鉄筋径
   の(B)倍以上としている。

	(A)	(B)
イ	1/5	1.2
ロ	1/4	1.2
ハ	1/5	1.4
ニ	1/4	1.4

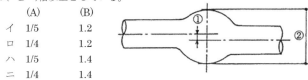

11 文中の( )内に当てはまる数値として、正しいものはどれか。
   24.5トンのはり配筋を、7人が5日で組立てを完了するには、1人当たり1日( )
   トンの組立てが必要になる。
   イ 0.5
   ロ 0.6
   ハ 0.7
   ニ 0.8

［B群(多肢択一法)］

12 鉄筋工事の施工方針を策定するに当たり、使用される語句の組合せとして、適切でないものはどれか。
  イ Q → 質疑
  ロ C → 原価
  ハ D → 工期
  ニ S → 安全

13 鉄筋工事とその工事に使用する設備の組合せとして、適切でないものはどれか。
  (鉄筋工事)　　　　　　　　(設備)
  イ 柱の配筋　　　・・・・ ローリングタワー
  ロ 基礎ばりの配筋　・・・・ 鉄筋足場
  ハ 壁の配筋　　　・・・・ 高所作業車
  ニ バルコニーの配筋　・・・・ 脚立足場

14 コンクリートに関する用語とその説明の組合せとして、適切でないものはどれか。
  (用語)　　　　　　(説明)
  イ スランプ　・・・・・フレッシュコンクリートの軟らかさの程度
  ロ ワーカビリティー　・・フレッシュコンクリートに含まれるセメントの量
  ハ 設計基準強度・・・・・構造計算において基準とするコンクリートの強度
  ニ レイタンス・・・・・・コンクリートの打ち込み後、ブリージングに伴って
　　　　　　　　　　　　　　その表面に出るぜい弱な物質の層

15 鋼の引張試験における応力度とひずみ度の関係を表す図中のA点として、正しいものはどれか。
  イ 比例限度
  ロ 降伏点
  ハ 破断点
  ニ 引張強さ

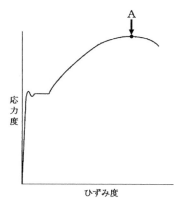

16 日本工業規格(JIS)の「鉄筋コンクリート用棒鋼」に関する記述として、誤っているものはどれか。
 イ 異形棒鋼の長さの許容差は、長さ7m以下の鉄筋では0〜+40mmである。
 ロ 異形棒鋼の軸線方向の連続した突起を節といい、軸線方向以外の突起をリブという。
 ハ 異形棒鋼の引張強さは、SD345よりもSD390の方が大きい。
 ニ 異形棒鋼のD32の単位質量は、6.23kg/mである。

17 鋼材に関する記述として、適切でないものはどれか。
 イ 炭素の含有量が多いほど、引張強さは高くなる。
 ロ 500℃程度の温度では、引張強さは低下しない。
 ハ 降伏点よりも破断点の方が高い。
 ニ 炭素の含有量が少ないほど、伸びは大きくなる。

18 コンクリート用化学混和剤として、適切でないものはどれか。
 イ 減水剤
 ロ 防腐剤
 ハ AE剤
 ニ 流動化剤

19 日本工業規格(JIS)の建築製図通則によれば、引違い戸を表す平面表示記号はどれか。

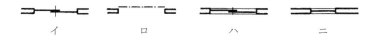

 イ   ロ   ハ   ニ

20 建築図面における略記号とその用語の組合せとして、一般に、適切なものはどれか。
 （略記号） （用語）
 イ B.M. ・・・ 床の仕上げ高さ
 ロ G.L. ・・・ 地盤の高さ
 ハ F.L. ・・・ 建物の基準高さ
 ニ C.L. ・・・ 開口部の高さ

21 建築製図に関する記述として、誤っているものはどれか。
 イ 構造図の伏図は、上から見下ろした、いわゆる「見下げ」によってのみ表現される。
 ロ 線の種類は、一般に、実線、破線、点線、一点鎖線、二点鎖線の5種類が使用される。
 ハ 寸法を記入するには、原則として、寸法線にそって横書きとする。
 ニ 鉄筋施工図には、鉄筋の位置や切断寸法だけでなく、鉄筋の径や本数なども書く必要がある。

［B群(多肢択一法)］

22　建築基準法関係法令において、主要構造部でないものはどれか。
　　　イ　屋根
　　　ロ　階段
　　　ハ　はり
　　　ニ　間柱

23　文中の(　　)内に当てはまる数値として、正しいものはどれか。
　　　建築基準法関係法令によれば、階段に代わる傾斜路のこう配は、(　　)を超えないこととされている。
　　　イ　4分の1
　　　ロ　6分の1
　　　ハ　8分の1
　　　ニ　10分の1

24　文中の(　　)内に当てはまる数値の組合せとして、正しいものはどれか。
　　　労働安全衛生法関係法令によれば、一側足場を除く足場において、高さ2m以上の作業場所に設ける作業床は、つり足場の場合を除き、幅は(　A　)以上とし、床材間のすき間は(　B　)以下とする。
　　　　　　　(A)　　　　(B)
　　　イ　25cm　　　3cm
　　　ロ　25cm　　　6cm
　　　ハ　40cm　　　3cm
　　　ニ　40cm　　　6cm

25　文中の(　　)内に当てはまる数値として、正しいものはどれか。
　　　労働安全衛生法関係法令によれば、パイプサポートを支柱として用いる場合、パイプサポートを(　　)以上継いで用いないこととされている。
　　　イ　2
　　　ロ　3
　　　ハ　4
　　　ニ　5

平成30年度 技能検定
1級 鉄筋施工 学科試験問題
（鉄筋組立て作業）

1. 試験時間　1時間40分
2. 問題数　　50題(A群25題、B群25題)
3. 注意事項
   （1）　係員の指示があるまで、この表紙はあけないでください。
   （2）　答案用紙(真偽法と多肢択一法の併用)に検定職種名、作業名、級別、受検番号、氏名を必ず記入してください。
   （3）　係員の指示に従って、問題数を確かめてください。それらに異常がある場合は、黙って手を挙げてください。問題はA群(真偽法)とB群(多肢択一法)とに分かれています。
   （4）　試験開始の合図で始めてください。
   （5）　解答の方法(真偽法と多肢択一法の併用)は次のとおりです。
   　　イ．　A群の問題(真偽法)は、一つ一つの問題の内容が正しいか、誤っているかを判断して解答してください。
   　　ロ．　B群の問題(多肢択一法)は、正解と思うものを一つだけ選んで、解答してください。二つ以上に解答した場合は誤答となります。
   　　ハ．　答案用紙(マークシート用紙)へ解答する際は、答案用紙に記載されている注意事項に従ってください。
   　　ニ．　答案用紙の解答欄は、A群の問題とB群の問題とでは異なります。所定の解答欄に、試験問題の題数に応じて解答してください。解答欄はA群は50題まで、B群は25題まで解答できるようになっています。
   （6）　電子式卓上計算機その他これと同等の機能を有するものは、使用してはいけません。
   （7）　携帯電話等は、使用してはいけません。
   （8）　試験中、質問があるときは、黙って手を挙げてください。ただし、試験問題の内容、漢字の読み方等に関する質問にはお答えできません。
   （9）　試験終了時刻前に解答ができあがった場合は、黙って手を挙げて、係員の指示に従ってください。
   （10）　試験中に手洗いに立ちたいときは、黙って手を挙げて、係員の指示に従ってください。
   （11）　試験終了の合図があったら、筆記用具を置き、係員の指示に従ってください。

[A群(真偽法)]

1　あばら筋は、柱のせん断補強として使用するものでフープともいう。

2　一体式構造とは、建築物の主要構造部を鉄筋や型枠で組み、コンクリートを流し込んで造り上げる構造体のことをいう。

3　四辺固定のスラブにおいて、短辺方向の曲げモーメントの大きさは、端部よりも中央部の方が小さい。

4　木工事で使用する釘の長さは、原則として、打ち付ける板厚の1.5倍以上とする。

5　枠組壁構法は、木質系住宅で使用される。

6　下図において、Cは、AとBの力の合力として正しい。

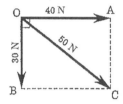

7　曲げ加工機で鉄筋の折曲げ加工をする場合は、鉄筋の径に合わせて、曲げ加工機の回転速度や折曲げ内法直径の大きさを変えなければならない。

8　日本建築学会　建築工事標準仕様書(JASS5)によれば、あばら筋の加工寸法の許容差は、下図のA、Bとも±15mmとされている。

9　D32の鉄筋曲げ加工は、一般に、冷間加工する。

10　階段の配筋において、スラブ式と片持ち式とでは、一般に、主筋の方向が異なる。

11　鉄筋相互のあきの最小寸法は、コンクリート強度によって変える必要がある。

12　杭基礎における基礎筋のかぶり厚さは、杭頭からとる。

13 日本建築学会 建築工事標準仕様書(JASS5)によれば、鉄筋コンクリート工事に先立ち、工事監理者は施工計画書を作成し、施工者の承認を受けなければならない。

14 建設現場において使用される安全ネットには、飛来防止用、墜落防止用等がある。

15 鉄筋の荷上げ作業に使用するワイヤロープは、台付け用ワイヤロープである。

16 逆打ち工法とは、上部構造体を施工しながら地下部分の掘削を進め、下部構造体を施工していく工法のことをいう。

17 日本建築学会 建築工事標準仕様書(JASS5)によれば、レディーミクストコンクリートは、練混ぜ開始後2時間を超過した場合、原則として、打設してはならない。

18 日本工業規格(JIS)によれば、異形棒鋼のSD345の345は、降伏点又は耐力の下限値を表している。

19 日本工業規格(JIS)によれば、異形棒鋼のSD295AとSD295Bとの主な違いは、化学成分である。

20 異形棒鋼の表面の突起のうち、軸線方向の突起は節、その他の部分はリブと呼ばれている。

21 軽量コンクリートとは、単位容積質量又は密度が3.0t/m³前後のコンクリートのことをいう。

22 ブリーディング(ブリージング)とは、フレッシュコンクリートにおいて内部の水が上方に移動する現象のことをいう。

23 日本工業規格(JIS)の建築製図通則によれば、下図は、地盤を表す材料構造表示記号である。

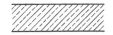

24 基礎コンクリート施工図において、下記に表示される耐圧版の－2500は、耐圧版の下端レベルを表示している。

FS1	－2500
	250

25 労働安全衛生法関係法令によれば、強風のため危険が予想される場合は、高さ2m以上の箇所での作業を行ってはならないとされている。

［B群(多肢択一法)］

1　文中の(　　)内に当てはまる数値の組合せとして、正しいものはどれか。
　　　鉄筋コンクリート造において、コンクリートの引張強度は、圧縮強度の(①)程度である。また、鉄筋の引張強度は、500℃程度に加熱されると常温時の(②)程度となる。

	①	②
イ	1/5	1/2
ロ	1/5	1/3
ハ	1/10	1/2
ニ	1/10	1/3

2　鉄筋コンクリート造の特徴として、適切でないものはどれか。
　　イ　コンクリートがアルカリ性なので、内部の鉄筋が錆びにくい。
　　ロ　鋼構造に比べて、粘り強い。
　　ハ　耐力壁がつり合いよく配置されていると、耐震性が向上する。
　　ニ　鉄筋とコンクリートの線膨張係数は、ほぼ同一である。

3　補強コンクリートブロック造の塀に関する記述として、誤っているものはどれか。
　　イ　壁内の鉄筋の間隔は、縦横とも120cm以内とする。
　　ロ　鉄筋を入れた空胴部には、モルタル又はコンクリートで埋めなければならない。
　　ハ　壁の厚さは、高さが2m以下の場合10cm以上、2mを超える場合は15cm以上とする。
　　ニ　鉄筋径は、9mm以上とする。

4　荷重・外力の表し方の組合せとして、誤っているものはどれか。

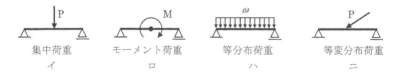

集中荷重	モーメント荷重	等分布荷重	等変分布荷重
イ	ロ	ハ	ニ

5　文中の(　　)内に当てはまる数値として、適切なものはどれか。
　　　鉄筋加工に使用される携帯型の油圧曲げ加工機用の電源は、一般に、(　　)Vである。
　　イ　100
　　ロ　200
　　ハ　300
　　ニ　400

6 下図のあばら筋の加工切断寸法として、正しいものはどれか。

イ 2400mm
ロ 2500mm
ハ 2600mm
ニ 2700mm

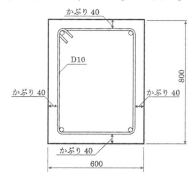

7 あばら筋における末端部のフックの折曲げ角度と余長の組合せとして、誤っているものはどれか。

（曲げ角度）　　（余長）
イ 45°　‥‥‥ 10d以上
ロ 90°　‥‥‥ 8d以上
ハ 135°　‥‥‥ 6d以上
ニ 180°　‥‥‥ 4d以上

8 文中の(　)内に当てはまる数値として、正しいものはどれか。
　日本建築学会　建築工事標準仕様書(JASS5)によれば、下図のようにはりの主筋を柱へ折曲げ定着する場合、Laの投影定着長さは、原則として、柱せいの(　)倍以上とすることとされている。

イ 1/2
ロ 2/3
ハ 3/4
ニ 5/6

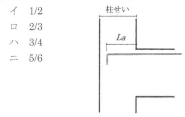

9 文中の(　)内に当てはまるものの組合せとして、正しいものはどれか。
　日本建築学会　建築工事標準仕様書(JASS5)によれば、スパイラル筋の柱頭及び柱脚の端部は、(　①　)以上の添え巻きをし、6d以上の余長を持つ曲げ角(　②　)のフックをつけなければならないとされている。

　　　　　①　　　　②
イ 1.5巻き　　90°
ロ 1.5巻き　　135°
ハ 50d　　　　90°
ニ 50d　　　　135°

［B群(多肢択一法)］

10 日本建築学会 建築工事標準仕様書(JASS5)によれば、スラブにおける鉄筋のサポートを配置する標準数量として、正しいものはどれか。
 イ 1.0個/m²程度
 ロ 1.3個/m²程度
 ハ 1.6個/m²程度
 ニ 2.0個/m²程度

11 鉄筋コンクリート造の一般階における、一般的な鉄筋の組立て順序として、適切なものはどれか。
 イ はり筋 → 柱筋 → 壁筋 → スラブ筋
 ロ 柱筋 → 壁筋 → スラブ筋 → はり筋
 ハ 壁筋 → スラブ筋 → 柱筋 → はり筋
 ニ 柱筋 → 壁筋 → はり筋 → スラブ筋

12 文中の( )内に当てはまる数値として、正しいものはどれか。
 鉄筋組立て計画において、30トンの鉄筋工事を50人工で行う場合には、1人工( )トンで計算する。
 イ 0.3
 ロ 0.4
 ハ 0.5
 ニ 0.6

13 鉄筋工事とその工事に使用する施工設備の組合せとして、適切でないものはどれか。
  (鉄筋工事)   (施工設備)
 イ スラブの配筋 ・・・ 脚立足場
 ロ 柱の配筋 ・・・ ローリングタワー
 ハ はりの配筋 ・・・ 鉄筋足場
 ニ 階高の高い壁の配筋 ・・・ 枠組足場

14 鉄骨工事に関する記述として、適切でないものはどれか。
 イ ベースプレートは、柱の柱脚に使用する。
 ロ スタッドボルトは、鉄骨とコンクリートの付着を高める。
 ハ アンカーボルトは、柱とはりの接合部分を補強する。
 ニ ハイテンションボルトは、鉄骨を接合する。

15 日本工業規格(JIS)によれば、鉄筋コンクリート用棒鋼の呼び名と単位質量(kg/m)の組合せとして、誤っているものはどれか。

     (呼び名)   (単位質量(kg/m))
  イ D10 ・・・ 0.56
  ロ D16 ・・・ 1.56
  ハ D22 ・・・ 3.04
  ニ D29 ・・・ 6.23

16 鋼の引張試験における、応力度とひずみ度の関係において、図中のA点として、正しいものはどれか。

  イ 比例限度
  ロ 降伏点
  ハ 破壊点
  ニ 引張強度(最大値)

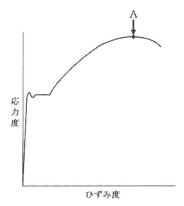

17 文中の(   )内に当てはまる語句の組合せとして、正しいものはどれか。

    コンクリートの強度は、通常、(①)圧縮強度で表し、水セメント比が(②)ほど、強度は高くなる。

        ①   ②
  イ 3週   小さい
  ロ 4週   小さい
  ハ 3週   大きい
  ニ 4週   大きい

18 コンクリートの施工しやすさに関連する用語でないものはどれか。

  イ スランプ
  ロ フロー値
  ハ ヤング係数
  ニ ワーカビリティー

[B群(多肢択一法)]

19 日本工業規格(JIS)の建築製図通則によれば、下図に示す平面表示記号として、正しいものはどれか。
    イ　シャッター
    ロ　引違い戸
    ハ　片開き窓
    ニ　引違い窓

20 基準床面と開口部(AW-1)の高さを示している下図のコンクリート施工図において、開口部表示の①及び②に当てはまる数値の組合せとして、正しいものはどれか。

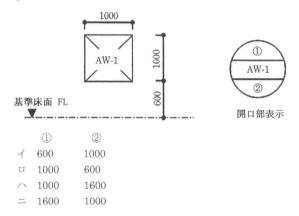

開口部表示

　　　　　①　　　　②
    イ　600　　1000
    ロ　1000　　600
    ハ　1000　1600
    ニ　1600　1000

21 一般に使用されるコンクリート施工図において、部材名称と部材略記号の組合せとして、正しいものはどれか。
    　　(部材名称)　　　　(部材記号)
    イ　柱　・・・・・・　CG
    ロ　床(スラブ)・・・　EW
    ハ　基礎ばり　・・・　FG
    ニ　小ばり　・・・・　CS

22 文中の(　)内に当てはまる数値として、正しいものはどれか。
    建築基準法関係法令によれば、コンクリートの養生については、原則として、コンクリート打込み中及び打込み後(　)日間は、コンクリートの温度が2℃を下らないようにしなければならないと規定されている。
    イ　5
    ロ　7
    ハ　9
    ニ　11

23　文中の(　　)内に当てはまる数値の組合せとして、正しいものはどれか。
　　　建築基準法関係法令によれば、鉄筋コンクリート造における柱の主筋は(①)本
　以上とし、主筋の断面積の和は、コンクリート断面積の(②)%以上としなければ
　ならないと規定されている。

　　　　　　　①　　②
　　イ　　8　　0.4
　　ロ　　8　　0.8
　　ハ　　4　　0.4
　　ニ　　4　　0.8

24　熱中症対策に関する記述として、適切でないものはどれか。
　　イ　こまめに水分補給をする。
　　ロ　風通しをよくする設備を設ける。
　　ハ　通気性のよい作業服を着用する。
　　ニ　日当たりのよいところに休憩場所を設ける。

25　文中の(　　)内に当てはまる数値として、正しいものはどれか。
　　　労働安全衛生法関係法令によれば、移動はしごの幅は、(　　)cm以上とすること
　と規定されている。
　　イ　20
　　ロ　30
　　ハ　40
　　ニ　50

鉄筋施工

正解表

令和2年度　2級　学科試験正解表
鉄筋施工（鉄筋組立て作業）

真偽法

番号	1	2	3	4	5
正解	○	○	○	X	X

番号	6	7	8	9	10
正解	X	X	X	X	○

番号	11	12	13	14	15
正解	X	○	○	○	○

番号	16	17	18	19	20
正解	○	X	X	X	○

番号	21	22	23	24	25
正解	○	X	○	X	X

択一法

番号	1	2	3	4	5
正解	ロ	ハ	イ	ニ	ロ

番号	6	7	8	9	10
正解	ニ	ロ	イ	ハ	ロ

番号	11	12	13	14	15
正解	ニ	ニ	ニ	イ	イ

番号	16	17	18	19	20
正解	ハ	ハ	ロ	ニ	イ

番号	21	22	23	24	25
正解	ロ	ロ	ハ	ニ	ニ

令和元年度　2級　学科試験正解表
鉄筋施工（鉄筋組立て作業）

真偽法

番号	1	2	3	4	5
正解	X	X	○	X	○

番号	6	7	8	9	10
正解	○	X	X	X	X

番号	11	12	13	14	15
正解	X	○	X	○	X

番号	16	17	18	19	20
正解	X	X	X	○	○

番号	21	22	23	24	25
正解	○	○	X	X	○

択一法

番号	1	2	3	4	5
正解	ニ	ハ	ニ	ハ	ロ

番号	6	7	8	9	10
正解	イ	ニ	ハ	ニ	ニ

番号	11	12	13	14	15
正解	ハ	ハ	ロ	イ	ハ

番号	16	17	18	19	20
正解	ロ	イ	イ	ニ	ニ

番号	21	22	23	24	25
正解	ハ	ハ	ロ	ニ	ロ

平成30年度　2級　学科試験正解表
鉄筋施工（鉄筋組立て作業）

真偽法

番号	1	2	3	4	5
正解	○	○	○	○	○

番号	6	7	8	9	10
正解	X	X	X	○	○

番号	11	12	13	14	15
正解	X	○	○	○	○

番号	16	17	18	19	20
正解	X	○	X	X	X

番号	21	22	23	24	25
正解	○	X	○	X	X

択一法

番号	1	2	3	4	5
正解	イ	ハ	イ	ニ	ハ

番号	6	7	8	9	10
正解	ハ	イ	ハ	ロ	ニ

番号	11	12	13	14	15
正解	イ	ロ	ロ	ニ	ニ

番号	16	17	18	19	20
正解	ニ	ロ	ロ	イ	イ

番号	21	22	23	24	25
正解	ロ	ロ	ニ	ニ	ハ

令和2年度　1級　学科試験正解表
鉄筋施工（鉄筋組立て作業）

真偽法

番号	1	2	3	4	5
正解	X	○	X	○	X

番号	6	7	8	9	10
正解	○	X	X	○	○

番号	11	12	13	14	15
正解	X	○	○	○	○

番号	16	17	18	19	20
正解	○	○	○	○	X

番号	21	22	23	24	25
正解	X	○	X	X	X

択一法

番号	1	2	3	4	5
正解	ハ	ニ	ハ	イ	イ

番号	6	7	8	9	10
正解	イ	ニ	ハ	ロ	ロ

番号	11	12	13	14	15
正解	イ	ハ	ロ	ハ	ニ

番号	16	17	18	19	20
正解	イ	ハ	ロ	イ	ハ

番号	21	22	23	24	25
正解	ロ	ニ	ハ	ニ	ニ

令和元年度　1級　学科試験正解表
鉄筋施工（鉄筋組立て作業）

真偽法

番号	1	2	3	4	5
正解	X	○	X	○	○

番号	6	7	8	9	10
正解	X	X	X	X	X

番号	11	12	13	14	15
正解	X	○	X	X	○

番号	16	17	18	19	20
正解	○	X	○	X	○

番号	21	22	23	24	25
正解	X	○	○	X	X

択一法

番号	1	2	3	4	5
正解	イ	ロ	イ	ロ	ニ

番号	6	7	8	9	10
正解	ハ	ロ	ニ	ハ	ハ

番号	11	12	13	14	15
正解	ハ	イ	ニ	ロ	ニ

番号	16	17	18	19	20
正解	ロ	ロ	ロ	イ	ロ

番号	21	22	23	24	25
正解	イ	ニ	ハ	ハ	ロ

平成30年度　1級　学科試験正解表
鉄筋施工（鉄筋組立て作業）

真偽法

番号	1	2	3	4	5
正解	×	○	○	×	○

番号	6	7	8	9	10
正解	○	○	×	○	○

番号	11	12	13	14	15
正解	×	○	×	○	×

番号	16	17	18	19	20
正解	○	○	○	○	×

番号	21	22	23	24	25
正解	×	○	×	×	○

択一法

番号	1	2	3	4	5
正解	ハ	ロ	イ	ニ	イ

番号	6	7	8	9	10
正解	ハ	イ	ハ	ロ	ロ

番号	11	12	13	14	15
正解	ニ	ニ	イ	ハ	ニ

番号	16	17	18	19	20
正解	ニ	ロ	ハ	ニ	ロ

番号	21	22	23	24	25
正解	ハ	イ	ニ	ニ	ロ

・本書掲載の試験問題及び解答の内容につい
てのお問い合わせ等には、一切応じられま
せんのでご了承ください。
・試験問題について、都合により一部、編集
しているものがあります。

平成30・令和元・2年度

1・2級 技能検定　試験問題集　78　鉄筋施工

令和3年8月　初版発行

監　修　中央職業能力開発協会

発　行　一般社団法人 雇用問題研究会

〒103-0002　東京都中央区日本橋馬喰町1-14-5 日本橋Kビル2階
TEL　03-5651-7071（代）　FAX　03-5651-7077
URL　http://www.koyoerc.or.jp

印　刷　株式会社ワイズ

223078

ISBN978-4-87563-677-9 C3000